Omas Tipps zur Osterzeit

Omas
Tipps zur
Osterzeit

Weltbild

Inhalt

Viele Bräuche rund ums Osterfest

Basteln für Ostern

Österlich und kulinarisch

Allerlei rund um Ostern

Vorwort

Liebe Leserin, lieber Leser,

endlich ist der kalte Winter vorbei, der in unseren Breiten gar so lange dauert! Freilich, es gab Weihnachten zu feiern, die Kinder fuhren Schlitten, jauchzend mit roten Backen. Ein prächtiger Schneemann mit einer Gelbe-Rüben-Nase stand lange im Garten. Und jetzt? Der gestrenge Herr schmilzt, ganz schief schon sitzt ihm der verbeulte Kochtopf auf dem Kopf – bald wird er sich auch ganz und gar davongemacht haben. »Winter ade, scheiden tut weh«, singen wir, und die zwitschernden Vögel im kahlen Geäst künden uns den beginnenden Frühling.

Kräftig riecht die nasse Erde, jeden Tag steigt die Sonne ein bisschen höher und bleibt länger. Bald überzieht ein erster zartgrüner Schleier die Zweige der Bäume und die Knospen werden immer dicker. Und dann wird es März, Lenzmonat, wie die Großmutter sagte. Und sie freute sich schon so auf die Veilchen, die unter der Birke wachsen ... Am 21. März ist dann Frühlingsanfang, und wie es auch in dem alten Volkslied so schön heißt: »Im Märzen der Bauer die Rösslein anspannt«, wird auf dem Feld die Saat ausgebracht.

Der launische April kommt, der uns alle Arten von Wetter an einem einzigen Tage bescheren kann: Graupel, Regen, Schnee und gleich darauf wieder Sonnenschein. Er mag noch so unstet sein, der »Launing«, wie er bei uns daheim genannt wurde, einmal hat ja doch der Frühling das Regiment und mit ihm die Osterzeit, auf die wir schon sehnlichst gewartet haben. Am Sonntag nach dem ersten Frühlingsvollmond feiern wir eines der schönsten und freudigsten Feste im Jahreslauf. Liegt Ostern einmal früh, so kann es der 22. März sein, der späteste Festtermin aber ist der 25. April.

Anders als heute, wo man schon ab Januar kitschig bunte, stanniolverpackte Osterhasen kaufen kann, wo es lauter Schokoladeneier gibt, und man sich schwer tut, die Zeit zu finden, um echte Hühnereier zu färben oder Ostersträuße zu binden, hat man sich in den früheren Zeiten viel Mühe und Arbeit gemacht, um das Osterfest zu dem werden zu lassen, was es ist: Das größte Kirchenfest, die Feier der Auferstehung Christi und nicht zuletzt die Freude der Menschen darüber, dass der harte Winter nun endlich vorbei ist! Amsel, Drossel, Fink und Star jubilieren wieder um die Wette!

Der Name des Monats April kommt von dem lateinischen Verb »aperire«, das so viel bedeutet wie »öffnen«. Es bezeichnet den Monat, in dem sich die Natur aus der Winterstarre löst und der Boden wieder offen und fruchtbar wird.

Viele, heute fast vergessene Osterbräuche wusste unsere Großmutter, die ihr Stück Land und jede Kreatur in Haus und Hof innig liebte. Und wie viele wunderbare Basteleien kannten die herzensguten Tanten, von leckeren Gerichten rund um das Ei und den Osterbraten ganz zu schweigen! Der wortkarge Großvater half uns Kindern beim Basteln, abends in der warmen Stube. Mit hochroten Gesichtchen schnitten und klebten wir, viele, viele Eier wurden gründlich in die Schüssel mit den blauen Blumen ausgeblasen, und hinterher gab es gleich einen feinen Eierkuchen. Und wie gut die Speckschwarte roch, mit der die rot und grün gefärbten Eier dann spiegelblank poliert wurden!

Ostern bestand damals nicht nur aus Gründonnerstag, Karfreitag, Karsamstag, Ostersonntag und Ostermontag, war nicht bloß eine ersehnte Reihe von freien Tagen. Nein, unsere Familie, wie auch alle anderen im Dorf, bereitete sich gründlich darauf vor. Es war eine Zeit der Besinnung, eine Zeit der Gemeinsamkeit und der Vorfreude. Bunte Bänder, Mooskörbchen, der Teig für das Osterlamm und schließlich die jubelnden Kirchenglocken, welche die frohen Menschen in Scharen zusammenriefen – das sind Erinnerungen, die man nie vergisst.

Und all dieses Wissen, all die liebevolle Mühe, dieses Fest so schön wie nur möglich zu begehen, soll und darf auch nicht verloren gehen! In unserer lauten, unruhigen Zeit können diese Feste Oasen der Stille und Ruhe sein. Wir müssen sie nur fragen, unsere Eltern und Großeltern: »Wie habt ihr denn Ostern daheim gefeiert?« Viel werden wir erfahren, und eine ganz andere Zeit wird vor unseren Augen wieder auferstehen. Dankbarer war man, fleißig von früh bis spät auf den Beinen, um die Birkenzweige zu schmücken und dem Osterhasen alles in seinen geflochtenen Tragekorb legen zu können. Neugierig waren die Kinder und standen hinter dem Holzschuppen, um einmal nur den Osterhasen zu sehen. Aber der pfiffige Gesell füllte wohl gerade woanders die Nestchen ... Der Vater jedoch hat ihn immer gesehen: »Da läuft er, er muss ja noch ganz schnell zur Lisbeth hoppeln!« Wie konnte das sein?

Vieles, was die Osterzeit und Ostern wieder zu einem Fest macht, werden Sie in diesem Büchlein finden, für dessen Entstehen ich allen danken möchte, die mir ihre Rezepte verraten und ihre Erinnerungen so lebendig geschildert haben, dass ich sie förmlich vor mir sehen konnte: Die Blütenkränze und herrlichen Ostertische und den selig schlummernden Palmesel ... Tante Lore hat ihre Batikeier, jedes eine kleine Kostbarkeit, vom Dachboden geholt und für mich aufgeschrieben, wie sie sie so viele Jahre lang jedes Ostern gemacht hatte. »Aber,« seufzte sie, »wer macht sich heut noch die Mühe?«

Nun, ich bin da zuversichtlich. Wir brauchen das Wissen unserer Lieben, nur so können wir nachempfinden, was die Osterzeit und der beginnende Frühling für Gemüt und Seele bedeuten können. Auf dass auch wir es weitergeben an unsere Kinder!

Viel Vergnügen also und so manche schöne Anregung wünsche ich Ihnen allen und natürlich: Frohe Ostern!

Ihre Hilde Weinfurtner

Viele Bräuche rund ums Osterfest

Das Osterfest und sein Brauchtum

Ostern, das Fest der Auferstehung Christi, ist neben Weihnachten das »brauchreichste« Fest im Kirchenjahr. Es verhält sich aber nicht so, dass man dieses Fest und die dazugehörigen Bräuche allein der christlichen Gedankenwelt zuordnen kann. Als das Christentum in Mitteleuropa Einzug hielt, wurden dort schon Frühlingsfeste gefeiert, und mit ihnen der Sieg der Sonne über die Winterkälte. Wie der österliche Auferstehungsmythos, der den jubelnden Sieg des Lebens über den Tod versinnbildlicht, bietet auch der heidnische Ursprung dieses Festes eine Fülle an schönen und interessanten Bräuchen, wie zum Beispiel die Osterfeuer.

Woher rührt eigentlich der Name »Ostern«?

Hier herrschen verschiedene Meinungen. Manche haben ihn von »Ostara« hergeleitet, die angeblich eine germanische Göttin gewesen sein soll. Sie entspricht im Wesentlichen der römischen Göttin Aurora. Die Angelsachsen nannten sie »Eostrae«. In jedem Fall war sie eine Göttin des Frühlings. Wahrscheinlicher ist aber, dass die Wurzel des Begriffs »Ostern« von dem althochdeutschen Wort »Ostr'a'« herrührt. Dieses Wort ist nämlich die Bezeichnung für die Jahreszeit, in der die Sonne nach den Winternächten wieder genau im Osten erscheint. Und auch das Wort »Osten« könnte den Begriff »Ostern« geprägt haben, als Himmelsrichtung, in der jeden Tag die Sonne aufgeht. Alle diese Herleitungen des Wortes sind aber unsicher und umstritten.

Passah und Ostern

Als sicher gilt, dass die Festlichkeit an sich vom Passahfest der Juden stammt, welches zur Erinnerung an den Auszug des Volkes Israel aus Ägypten gefeiert wurde. Dieses wurde nach altem Brauch am 14. Nisan (der erste Vollmond im ersten Frühlingsmonat) gefeiert. Da nach dem Zeugnis der Evangelien Jesus während des Passahfestes gekreuzigt wurde, feierten die Christen zur Erinnerung ein christliches Passah zeitgleich mit dem Passah der Juden. Schon seit dem Ende des zweiten Jahrhunderts wurde jährlich ein christliches Auferstehungsfest gefeiert. Somit ist Ostern bedeutend älter als das Weihnachtsfest, welches erstmals im Jahre 336 nach Christus nachgewiesen werden kann!
Über das Nebeneinander von Passah- und Auferstehungsfeier entspann sich jedoch ein heftiger Kirchenstreit. Um 325 nach Christus, anlässlich des Konzils von Nizäa, wurde schließlich festgelegt, dass der erste Sonntag nach dem ersten Frühlingsvollmond der Ostertag sein solle. Das bedeutet, dass der früheste Termin der 22. März ist, der späteste der 25. April.

Wissenswertes rund ums Osterei

Es gibt wohl kein Sinnbild, das mehr mit dem Osterfest verknüpft ist als das Osterei. Warum gerade das Ei? Ich sah oft die Großmutter eines still in ihrer Handfläche halten. Sinnend sagte sie dann: »Schaut euch einmal dieses Wunder an!« Heute weiß ich, was sie damit ausdrücken wollte. Die äußere Form des Eis kann man nur als vollkommen bezeichnen. Es fühlt sich glatt und kühl an, hat keine Ecken und Kanten – schützend legt man die Finger darum und fühlt eine unaussprechliche Harmonie. Es ist Träger des Lebens, das sich in der sicheren Schale entfalten darf.

So verwundert es nicht, dass gerade das Ei schon in vorchristlichen Zeiten bei Frühlingsfesten zum Sinnbild der jährlichen Wiederkehr allen Lebens in der Natur wurde. Bereits in den uralten Mythen Indiens, Ägyptens und Persiens ist von dem »Welten-Ei« die Rede, aus dem ursprünglich alles Leben entstanden sein soll.

Das Ei als christliches Symbol

Im christlichen Glauben verkörpert das Ei den Auferstehungsgedanken und die Erlösung: Christus stieg am Ostermorgen aus dem Grab wie das Küken aus dem Ei, in dem es nur scheinbar »begraben« liegt. Und ebenso wie der Sohn Gottes muss auch der Mensch erst sterben, damit ihm durch die Auferstehung ewiges Leben zuteil werde. Im Widerstreit zwischen Tod und Leben, Kreuzigung und Wiederauferstehung, Fastenbrauch und Rückkehr zur Speisenvielfalt, Vergehen und Keimen, Hoffnungslosigkeit und Erlösung zeigt sich also gerade bei diesem Sinnbild, dass am Ende das Leben obsiegt. Dies verkündet auch ein Spruch, der uns aus dem 12. Jahrhundert überliefert ist:

Mahnen will das Osterei
Dass Jesus Christus Sieger sei
Und alle Todesmacht vorbei.

Bereits im Mittelalter gab es bemalte Eier, die man auch Verstorbenen ins Grab legte. Die bevorzugte Farbe war Rot, die Farbe des Blutes Christi, aber auch die der Freude und des Lebens. Noch heute schenken sich die Gläubigen in Griechenland beim großen Osternachtsgottesdienst leuchtend rote Eier. Man stößt mit der Spitze des eigenen Eis an das Ei des anderen und ruft: »Christ ist erstanden!« Und der Freund muss antworten: »Er ist wahrhaftig auferstanden!« Nach dem Gottesdienst wird diese Botschaft dann zum Ostergruß auf den Straßen.

Seit der Barockzeit werden Ostereier auch kunstvoll verziert und teilweise mit richtiggehenden Gemälden versehen. Aus Osteuropa ist bekannt, dass sogar heilige Ikonen auf Eier gemalt wurden. Auch sonst gab es eine Fülle von eiförmigen Darstellungen, die als Geschenkbildchen für Ostern dienten.

Eier verschenken

Das Schenken von Ostereiern wird in der Schrift des Arztes Georgius Franck von 1682 als Paten- und Freundschaftspflicht dargestellt. Es gab aber auch andere soziale Beziehungen, in deren Rahmen sich das Eierschenken abspielte. In Bayern beispielsweise gehörten Osterbrot und Osterei in obrigkeitliche oder kirchliche, wirtschaftlich-rechtliche Brauchbereiche: Oster- und Zinseier bildeten Bestandteile österlicher Abgaben- und Spendenpflichten. Schon seit dem 9. Jahrhundert findet man in Kloster- und Rechtsurkunden solche österlichen Eierzinsen belegt. Dabei handelte es sich meist um 100 Stück, die von jedem Bauernhof an Klöster und Herrschaften gegeben werden mussten. Im Gegenzug garantierte die Obrigkeit dann Markt- und Zollfreiheiten, und zwar wiederum für Eier. Das Zinsei konnte aber auch zum Schenkei werden, wenn die Klöster, Kirchen oder Spitäler geweihte Eier an Bedürftige oder bestimmte Berufsstände wie Messner, Totengräber, Lehrer und Schäfer weitergaben. Dabei handelte es sich aber meist um das einfache, weiße Ei. So erreichten die Segnungen der Kirche jedes Haus durch das Osterei.

Um Ostern herum ist auf dem Bauernhof viel zu tun: Der Mist oder Dünger wird ausgebracht, dann zunächst der Hafer, die Gerste und zum Schluss die Kartoffeln angebaut.

Allerlei Brauchtum und Geschichten

Meine Großmutter kannte viele interessante und merkwürdige Bräuche, in denen Eier eine wichtige Rolle spielten. Da hatte die eine Schwester ins Badische geheiratet, die andere gar bis in die Schweiz, da gab es die weit verzweigte Verwandtschaft um Landshut, und die der Schwägerin Cilli war in Böhmen gebürtig – und ein jeder wusste beim Osterbesuch darüber zu berichten, wie es sich mit dem Brauchtum in seiner Heimatgegend verhielt. Die Vielfalt war wirklich erstaunlich. Weil es jammerschade wäre, wenn das Wissen darüber zusammen mit den Altvorderen langsam aussterben würde, habe ich einige schöne Eierbräuche aufgeschrieben.

❀ Aus Eiern, die am Gründonnerstag gelegt worden sind, werden im Westfälischen lauter Hähne und Hennen, die einmal im Jahr gänzlich die Farbe wechseln. Im Badischen haben auch die Karfreitagseier diese wundersame Wirkung.

❀ Im Schwäbischen hieß es früher gar: Legt man einer schwarzen Henne ein Ei unter, das am Gründonnerstag gelegt worden ist, so schlüpft daraus eine Schlange, mit der man zaubern kann. Dasselbe erreicht man auch, wenn es einem gelingt, ein Gründonnerstagsei in der Achselhöhle auszubrüten.

❀ Trägt man so ein Ei bei sich, dann glaubt man in Niedersachsen, dass man die Gabe erlangt, alle versteckten Geheimnisse der anderen Menschen zu enthüllen.

❀ Wenn man sich in Hessen in der Kirche bei Sonnenschein ein Gründonnerstagsei vors Auge hält, kann man gar auf Anhieb eine Hexe erkennen – sofern eine anwesend ist.

❀ In manchen böhmischen Gegenden wirft man an Ostern geweihte Gründonnerstagseier über den Dachfirst und vergräbt sie an der Stelle, wo sie niedergefallen sind. So wird das Haus vor Blitz- und Hagelschlag geschützt. Mancherorts, zum Beispiel in der Schweiz, soll ein so vergrabenes Gründonnerstagsei eine mögliche Feuersbrunst fernhalten.

❀ Wer im Besitz eines Karfreitagseis ist, den kann zeitlebens kein Blitz treffen. Legt man ein solches Ei in Häuser, Ställe oder andere Wirtschaftsgebäude, so kann auch dort kein Blitz einschlagen.

❀ Dasselbe gilt, wenn man in die vier Ecken einer Scheune an geschützten Stellen je vier solcher Eier auslegt. Das Auslegen der Eier sollte am besten zwischen 11 und 12 Uhr mittags erfolgen, denn um diese Stunde hat Jesus Christus am Kreuz den Tod erlitten.

❀ Die Verwandtschaft aus dem Böhmerwald wusste ein probates Mittel gegen eine Mäuseplage: Eier, die in der Karfreitagsnacht gesotten wurden, werden zusammen mit Kreuzen aus geweihten Palmzweigen auf die Felder gelegt. Daraufhin verschwinden die Mäuse sofort.

❀ Das Wasser, in dem Ostereier gekocht wurden, soll man an die Stallwand gießen. So werden die Euter der Kühe das ganze Jahr nicht wund.

❀ Die Landshuter nannten die Gründonnerstagseier »Antlasseier«. Diese wurden an Ostern in der Kirche geweiht und hernach dem Gesinde, vor allem den Knechten, gegeben. Sie sollten davor schützen, dass man sich beim Tragen schwerer Lasten das Kreuz verrenkt. Nach dem Essen wurden die Schalen der Antlasseier auf die Felder gestreut. In Bayern schützt der Verzehr solcher Eier noch zusätzlich vor Hodenbruch.

❀ Karfreitagseier können auch zum Glück im Spiel beitragen. In den Bergen sollen sie vor Lawinen schützen.

❀ Wenn man in der Oberpfalz einen gar lästigen Verehrer loswerden wollte, so musste man drei Totenknochen nebst einigen Haaren und Eierschalen (besonders wirksam seien Ostereierschalen) unter die Kuhstallschwelle legen.

❀ Das am Karfreitag gelegte Ei eines schwarzen Huhns wird niemals verfaulen und bringt überdies dem Spieler Glück. Es kann aber noch mehr: Mit einem Sargnagel angestochen und in der drei Höchsten Namen in einem Ameisenhaufen verscharrt, heilt es das Gliederreißen.

❀ Wirft man in Oldenburg Ostereierschalen in den Graben, der den Hof umgibt, so kann man sich darauf verlassen, dass es im Sommer keine Mückenplage gibt.

❀ Wenn ein Fieberkranker ein Karfreitagsei in der Hand hält, so ziehen dessen heilende Kräfte das Fieber aus ihm heraus.

❀ Bei Moosburg geht am Ostersonntag jeder Bauer um jeden einzelnen seiner Äcker und steckt ein Kreuz aus geweihten Palmzweigen an die Ecken; dazu streut er die Schalen eines geweihten Eis. In der Mitte eines jeden Ackers wird dann nebst dem Palmkreuz ein am Karfreitag gebranntes, keilförmiges Stückchen Holz in die Erde gesteckt und ein rot gefärbtes, geweihtes Hühnerei vergraben. Wer das nicht tut, den trifft böser Hagelschlag.

❀ Aus der Schweiz kommt die Sitte, dass die Mädchen den Burschen, die sie gerne leiden mögen, ein Osterei schenken und dafür einen Lebkuchen bekommen.

❀ In Württemberg greift eine Feuersbrunst nicht weiter um sich, wenn man ein Karfreitagsei, das noch dazu eine schwarze Henne gelegt hat, über das in Flammen stehende Gebäude wirft.

❀ Die Züricher glauben, dass am Karfreitag gelegte Eier keine Farbe annehmen können. Sie bleiben auch das ganze Jahr frisch. Im Badischen glaubt man ebenfalls daran, dass Karfreitagseier nie faulen, besonders nicht die, welche zwischen 11 und 12 Uhr mittags gelegt wurden.

❀ In Bayern wird ein Antlassei, also ein Gründonnerstagsei, in den größten Weizenacker eingegraben. Links und rechts davon wird ein geweihtes Brandkreuz gesteckt. Auf diese Weise schützt man sich und das gesamte Anwesen gegen Hagelschlag und Brand.

❀ In die erste der eingefahrenen Garben sollte ein Stückchen geweihten Brotes, ein Antlassei und ein geweihter Palmzweig gebunden werden. Die Garbe wird dann abgeladen, aufrecht hingestellt und als letzte gedroschen. Brot, Ei und Palmzweig werden im Herdfeuer verbrannt. Wer das nicht tut, auf den kommen Hagelschlag und Hausbrand.

❀ Wenn man im Eiweiß eines geschälten Ostereis ein kleines Grübchen findet, so heißt es im Schwäbischen, die Muttergottes hätte ein Löffelchen davon herausgenommen, um dem Jesuskind daraus ein Mus zu kochen.

❀ Um die Manneskraft zu stärken, essen die Bayern angeblich Sellerie, Krebse und namentlich Ostereier, das heißt die am Ostersonntag am geweihten Osterfeuer gesottenen Eier.

❀ Wer im Schwabenland am Karfreitag in aller Herrgottsfrühe auf nüchternen Magen ein Ei austrinkt, ist gegen Bruchschaden gefeit.

Das Osterfeuer ist heute weit verbreitet. Ursprünglich war es eher in Norddeutschland üblich, während in Süddeutschland das Johannisfeuer am 24. Juni Brauch war. Während das eine Feuer sich auf den Beginn des Frühlings bezieht, bezeichnet das andere die Mitte des Sommers.

❀ Wenn man in Böhmen ein Karfreitagsei von einer schwarzen Henne sieben Wochen lang unter dem linken Arm trägt, so erscheint ein Männchen, das die Gabe verleiht, sich unsichtbar machen zu können. Hat es sich einmal gezeigt, so ist die Seele verwirkt. Man darf während dieser sieben Wochen aber nicht zum Gottesdienst gehen.

❀ Trägt man ein solches Ei neun Tage lang unter der linken Achsel, wäscht und kämmt sich in dieser Zeit nicht und schneidet sich nicht die Nägel, so kommt aus dem Ei ein Geist hervor, der seinem Herrn alles verschafft, was er will.

❀ Hat ein Kind einen Leibschaden, so bohrt man das Ei einer schwarzen Henne in der Frühe des Karfreitags in eine Eiche. Dies soll im Kanton Bern schon geholfen haben.

❀ In Sachsen lässt man ein Kind, das an einem Bruch leidet, ein frisches Karfreitagsei austrinken. Dann soll es in die Schale harnen, worauf diese in den Kamin gehängt wird. Ist der Inhalt vertrocknet, wirft man die Schale auf den Misthaufen, und das Kind ist wieder gesund.

❀ Gegen eine wehe Blase bei Kindern gibt es nur ein unfehlbares Mittel: Das Wasser des Kindes muss in einem Topf aufgefangen werden, in dem ein ohne Feilschen gekauftes Karfreitagsei einer schwarzen Henne liegt. Ist der Topf mit Leinwand gut verbunden, muss er, nachdem die Sonne untergegangen ist, in einem ungesucht gefundenen Ameisenhaufen vergraben werden. Wer einen solchen Topf findet, darf ihn nicht benützen, da der Blasengrimm sonst auf ihn übergeht.

Die Eierkette

Ein schöner Burschenbrauch aus dem Hessischen, von dem wir nicht wissen, wann und wie er entstanden ist, ist die »Eierkette«. Die sogenannten Backhausburschen treffen sich traditionell beim Dorfbackhaus. Am Ostersamstag gehen sie unter lautem Gegacker und Krähen (und natürlich Gelächter) in diejenigen Häuser, wo junge Mädchen wohnen. Jedes Mädchen gibt ihnen Eier – zwischen sechs und zehn Stück –, welche die Burschen dann in großen Körben ins Dorfwirtshaus tragen. Dort werden sie gezählt und ausgeblasen, und zwar mit allergrößter Vorsicht: Die Eierkette darf keinen Schaden erleiden! Zerbricht einer ein Ei, so muss er ein Strafgeld zahlen. Die Wirtin bäckt in der Zwischenzeit die

leckeren, traditionellen Eierkuchen, wobei jeder seinen Anteil einfordert.
Ein älterer und erfahrener Bursche beginnt mit dem Auffädeln einer langen Kette aus ausgeblasenen Eiern. Um Mitternacht ist es dann so weit: Vorsichtig wird die Kette, die nun aus mehr als zweihundert Eiern bestehen sollte, aus einem Fenster gegenüber dem Backhaus heruntergelassen und mit Sorgfalt auf die andere Gassenseite transportiert. Eine Leiter wird an die Wand gelehnt, die der Anführer besteigt, damit die Kette am First des Backhauses befestigt werden kann. Dort hängt sie wie eine weiße Girlande, bis am Ostersonntag nach der Kirche die Schulkinder sie mit gezielten Steinwürfen zerbrechen dürfen.

Das Eierbäumchen

Dieser hübsche Brauch hat sich wahrscheinlich vom Thüringischen her verbreitet. Am Ostersonntag holen die Konfirmanden mit einem Handwagen einen Tannenbaum aus dem Wald. Sie stellen ihn auf und schmücken ihn mit langen Ketten aus bunten Eiern. Bereits seit Weihnachten wurden in den Familien, die sich an dem Brauchtum beteiligen, die Eier nicht mehr zerschlagen, sondern ausgeblasen. Darauf wurden die Schalen bunt bemalt und aufgeschnürt. Unter dem geschmückten Tannenbaum versammelt man sich zu allerlei Spielen.
Am nächsten Tag wird der Osterbaum durch den ganzen Ort getragen, und es beginnt der sogenannte Heischegang, wobei

die Jungen Eier heischen. Voran gehen die Konfirmanden, dann folgt eine fröhliche Kinderschar. Ziel der »Prozession« ist der Dorfplatz, wo sich die Mütter versammelt haben und aus den gesammelten Eiern Eierkuchen backen, die dann von den Kindern aufgegessen werden.

Das rote Ei

Aus Griechenland sind auch einige sehr schöne Osterbräuche überliefert. Vierzig Tage vor Ostern isst man vor allem auf den Inseln keine Eier mehr, selbst die kleinen Kinder müssen darauf verzichten. Warum? Weil die Mutter Maria gerade rote Eier färbte, als sie vom Todesurteil ihres Sohnes erfuhr.

Das schönste Ei nimmt man mit in die Kirche, in den orthodoxen, sehr feierlichen Ostergottesdienst um Mitternacht. Der Pope segnet das Ei, und dann bringt es ein Jahr lang Glück und Segen ins Haus. Behält man dieses Ei aber vierzig Jahre lang und lässt es jedes Ostern segnen, so entsteht in dessen Inneren ein Kreuz mit dem Abbild Jesu.

Die Karwoche bildet, wie wir alle wissen, den Abschluss der Passionszeit, der Leidenszeit Christi. Sie beginnt mit dem Palmsonntag und endet mit den drei Leidenstagen unseres Herrn: Gründonnerstag, Karfreitag und Karsamstag. »Chara« oder »kara« bedeutet Trauer, Kummer, Klage oder Leid im Althochdeutschen, daher auch die Begriffe Karfreitag und Karsamstag. Seit etwa 400 nach Christi Geburt wird diese Woche, die vielfach auch die »heilige Woche« genannt wird, feierlich begangen. Viele Bräuche, die jeweils einem dieser heiligen Tage gewidmet sind, haben sich bis heute erhalten. Sie sind je nach Region sehr unterschiedlich.

Palmsonntag

Der Palmsonntag, auch Palmarum genannt, ist der letzte Sonntag der Passionszeit. Sein Name rührt von den Palmzweigen her, mit denen nach dem Johannesevangelium die Menschen in Jerusalem Jesus bei seinem Einzug in die Stadt begrüßten. Der Palmzweig war schon in der griechischen Sagenwelt ein Symbol für Triumph und Sieg, aber auch für Frieden und Leben.

❀ Dieser Tag wird in der katholischen Kirche von der Palmweihe bestimmt, an deren Stelle bei uns die Kätzchen der Salweide, Haselnusszweige oder ähnliche Pflanzen getreten sind. In der bäuerlichen Welt spielten diese geweihten Palmkätzchen früher eine bedeutende Rolle, verhießen sie doch Segen, wenn man sie aufbewahrte oder unters Dach steckte! Sie wehrten Feuer ab, und getrocknet gab man sie dem Vieh zum Futter, auf dass es recht gut gedeihe. Bei argen Gebrechen wurden sie sogar gegessen, und bei Kreuzweh half es, wenn man sich mit dem Palmkätzchenstrauß auf den Rücken schlug.

❀ Im Norden kennt man die Palmzweige ebenfalls. Dort werden sie aber nicht geweiht, sondern einfach als schöner Osterstrauß mit Bildgebäcken oder bunten Ostereiern geschmückt. Dort ist auch der Brauch des »Schmack Ostern« verbreitet: Mit diesen Worten schlug man sich scherzhaft mit den Palmzweigen auf den Rücken. Es bedeutet so viel wie: »Schmeck das frische Grün!«

❀ Im Oberbayerischen haben sich die Palmsträuße zu »Palmstangen« oder »Palmbuschen« von respektabler Größe entwickelt. Diese werden – von Ort zu Ort verschieden – aus Weidenkätzchen, Buchsbaum und verschiedenen Kräutern gebunden und fantasievoll mit bunten Bändern oder Hobelspänen geschmückt.

Man kann auch Gebildbrote, bunte Bänder, Papierblumen oder kleine Kränze daranhängen. Die Spitze bildet oftmals ein Kreuz. Man wetteifert, wer den größten und schönsten Palmbuschen zu Wege bringt, der dann nach der Prozession vor dem Haus aufgestellt wird. Besonders ausgeprägt ist dieser Brauch in Saulgau, wo mehr als 200 hohe Palmbäume am Sonntagmorgen von Buben und Mädchen in die Kirche getragen und dort im Chor aufgestellt werden – ein wahrhaft erhebender Anblick für die Gemeinde. Ein Zweig dieser geweihten Palmen schmückt dann den Herrgottswinkel, und der Palmbaum verbleibt den Rest des Jahres vor dem Bauernhaus.

Bei uns daheim in Bayern war der »Palmesel« in schönster Regelmäßigkeit der älteste Bruder. Der ging samstags gern zum »Loder«, seinem angestammten Wirtshaus, und begab sich anderntags direkt aus den Federn zu Schweinsbraten mit Knödeln und Blaukraut.

❀ Beim Verlassen der Kirche gab es früher unter den Palmträgern ein großes Gedränge, denn jeder wollte der Letzte sein und zum »Palmesel« gekrönt werden. Der Esel spielt auch in anderen Palmsonntagsbräuchen eine Rolle. Christus ritt ja bei seinem Einzug in Jerusalem auf einem Esel. Bei manchen Umzügen im 18. Jahrhundert stellten Geistliche oder Ministranten Christus dar, indem sie auf einem lebendigen Esel ritten oder einen Karren bei der Prozession mitführten, auf dem eine geschnitzte Christusfigur auf einem Holzesel ritt. Die Kirche jedoch verbot das »Eselsfest«, da es immer mehr Gefahr lief, zu einer reinen Volksbelustigung zu werden. Inzwischen hat sich nur noch die Sitte erhalten, dem größten Langschläfer am Palmsonntag den Titel »Palmesel« zu verleihen.

Gründonnerstag

An diesem Tag wird des letzten Abendmahls und der Gefangennahme Jesu gedacht. Man ist sich nicht sicher, warum dieser Tag so heißt. Die einen sagen, dass sein Name nicht von der Farbe herrühre, sondern von dem alten Wort »greinen«, das weinen bedeutet. Eine andere Auslegung ist die, dass sich das Wort auf eine Bibelstelle im Lukasevangelium bezieht, wo es im Zusammenhang mit der Taufe der Neulinge heißt: »Wenn dies am grünen Holze geschieht ...«. Aber auch die Farbe Grün spielt an diesem Tag eine gewisse Rolle: So ist ja, wie wir noch sehen werden, die Sitte immer noch weit verbreitet, an diesem Tag etwas frisches Grün zu essen, Salat, Spinat oder eine Kräutersuppe; und welche Wirkung Eier haben können, die an diesem Tag gelegt wurden, haben wir bereits gehört.

❀ In manchen Kirchen werden die Altar- und Heiligenbilder verhüllt, die Kreuze zugehängt und die Altarkerzen gelöscht – die Kirche legt sichtbar Trauer an. In einigen Gemeinden schweigen ab dem »Gloria« der Gründonnerstagsmesse die Kirchenglocken denn nun fängt Jesu Leiden auf dem Ölberg an. Was die Glocken betrifft, so hieß es bei uns im Dorf immer, sie seien »auf Rom gegangen«, um dort die Osterbeichte abzulegen. Sie sollten erst wieder in der Osternacht erklingen. In unserer Gemeinde zogen dann die Messdiener zu den Läutezeiten mit Ratschen und Klappern durchs Dorf und verdienten sich so Eier, Speck und ein paar Pfennige.

❀ Ein weiterer schöner Gründonnerstagsbrauch lebt da und dort wieder auf: Nach der Abendmesse setzen sich die zwölf ältesten Männer der Gemeinde auf jeweils sechs Stühle, und zwar auf der Evangelien- und der Epistelseite des Altars. An ihnen nimmt dann der Pfarrer die Fußwaschung vor, an welche die Evangelienlesung dieses Tages *(Johannes 13,1-15)* erinnert.
Diese Geste soll den von Jesus gebotenen Dienst am Nächsten verdeutlichen. Auch der Papst vollzieht sie regelmäßig. Dass die zwölf Gemeindeältesten danach auf Kosten der Gemeinde noch bewirtet werden, oft im nächsten Gasthaus, ist die weltliche Seite dieses kirchlichen Brauchs.

❀ An diesem Tag wird zum Gedächtnis an die letzte Mahlzeit Jesu mit seinen Jüngern das Abendmahl gefeiert. »Tut dies zu meinem Gedächtnis«, heißt es. Darum versammeln sich in manchen Gemeinden die Gottesdienstbesucher im Anschluss an die Messe zu dem sogenannten »Agapemahl«. Das Wort »Agape«, das aus dem Griechischen kommt, bezeichnet die schenkende Nächstenliebe.

❀ Am Gründonnerstag wird im Chorraum einiger Kirchen das sogenannte »Heiliggrab« aufgebaut. Es ist eine Art Felsengrab, in dem Christus liegt, von Ziersträuchern und Springbrunnen umgeben. Zum Grab gehört ein Thron für die Monstranz. Dahinter kann sich ein Sonnenrad aus Glasperlen befinden, das sich drehen lässt und beleuchtet wird. Durch ein aufziehbares Uhrwerk wird dieses in Bewegung gesetzt. Viele Glaskugeln, mit gefärbtem Wasser gefüllt und mit Öllampen von hinten beleuchtet, verleihen diesem »Heiliggrab« etwas Geheimnisvolles.
Für uns Kinder gehörte deshalb auch das »Heiliggrab« zu den Wundern der Osterzeit. Nie versäumten wir, den prachtvollen Aufbau an der Hand der Großmutter zu bestaunen.

Karfreitag

Am Karfreitag ist der Menschensohn für uns am Kreuze gestorben. Es ist ein »stiller« Feiertag, an dem nicht laut gelärmt oder gar getanzt oder musiziert werden darf. Er ist aber auch liturgisch gesehen still, denn die Glocken schweigen ja, und die Orgel tut es ihnen gleich. Die Kirchenfenster sind oft mit violetten Tüchern verhängt. Im Gottesdienst wird die Leidensgeschichte verlesen.

❀ In den evangelischen Kirchen versammeln sich die Gläubigen zur Abendmahlsfeier, und im Bewusstsein vieler protestantischer Christen ist dies, und nicht der Ostersonntag, der höchste Feiertag des Kirchenjahres.

❀ Nach dem Bericht der Evangelien starb Jesus um die neunte Stunde. Da die Juden ihre Stundenzählung um sechs Uhr begannen, gilt als Todesstunde Jesu in unserer Zählung drei Uhr nachmittags. In zahlreichen Gemeinden wird um diese Zeit ein besonderer Gottesdienst gehalten.

❀ Überhaupt gilt dieser Tag als Tag der Besinnung und des Fastens. Fleisch wird an diesem Tag nicht gegessen oder durch Fisch ersetzt. Der Verzehr von Fisch am Freitag lässt sich auch auf Jesus hin deuten, denn der Fisch symbolisiert ihn von alters her. Das griechische Wort »Ichthys«, also Fisch, wurde bereits im zweiten Jahrhundert so gedeutet: »Jesus-Christus-Gott-Sohn-Retter«.

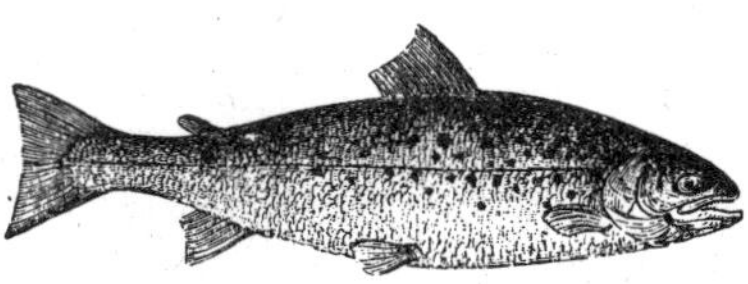

❀ Berühmt ist bis heute das Karfreitagssingen der jungen Mädchen in der Lausitz, einer Gegend, der wir so manche herrliche Ostersitte verdanken. Sie tragen alle eine schwarze Kirchentracht und ein weißes Kopfband. Eine Vorsängerin beginnt mit dem Singen sorbischer Auferstehungslieder, die anderen fallen ein. Sie singen draußen in der Nacht auf freiem Felde. Aus der Ferne klingen die Lieder aus den benachbarten Dörfern herüber.

❀ Ebenfalls am Karfreitag findet in vielen Orten die »Kreuztracht« statt, die als Überbleibsel der Passionsspiele oder Karfreitagsprozessionen gilt und denjenigen, die nicht lesen konnten und auch kein Latein verstanden, das Evangelium nahebringen sollte. Der Kreuzträger ist mit einer Kutte vermummt und trägt ein Kreuz, das seinen körperlichen Kräften angepasst ist. Er wird von Legionären geleitet, die Lanzen tragen. Nur der Pfarrer weiß, wer sich in der Kutte verbirgt und Buße für seine eigenen Sünden tut. Ein Helfer, der den Simon von Cyrene vorstellen soll, sucht ihm die Last des Kreuzes zu erleichtern. Vor der Kreuzgruppe gehen zwölf Messdiener, die die Leidensgeräte tragen: eine Leiter, die Geißelsäule, Dornenkrone, Schwamm, Kelch, Hammer, Nägel und Zange. Die Prozession schreitet vielfach die einzelnen Stationen des Kreuzweges ab.

❀ Berühmt sind die Prozessionen in den frühen Morgenstunden des Karfreitag in Süditalien, wo vermummte Männer zu dumpfen Trommelklängen durch die Straßen ziehen und ebenfalls die Leidensgeräte mit sich führen.

Karsamstag

Dieser Tag gilt als der Tag der Grabesruhe Christi. In der katholischen Kirche ist er ein liturgieloser Tag, es finden nur Beichten oder Bußandachten statt. Dieser »inneren« Reinigung entspricht die »äußere« in Form eines großen österlichen Hausputzes.

Am Abend wird die Feier der Osternacht begonnen, ein alter, liturgischer Brauch, bei dem der Auferstandene als das Licht in der Dunkelheit gepriesen wird. In diesen Vorbereitungen ahnt man auch die nun kommende freudige Seite des Festes: Die Auferstehung naht, wie auch die winterliche Kälte der Frühlingswärme weicht. Hoffnung bestimmt nun mehr und mehr den weiteren Verlauf des Festes.

Osterfeuer

Diesen alten Brauch scheint es schon zu vorchristlichen Zeiten gegeben zu haben, und zwar in Form der Sonnwendfeuer, die zu Ehren der Götter entfacht wurden. Freilich spielt das Feuer selbst auch in der Bibel eine große Rolle: Die Gegenwart Gottes äußert sich zum Beispiel als der »brennende Dornbusch« *(2. Mose 3,2)* oder als die »Feuersäule« beim Auszug aus Ägypten *(2. Mose, 13,21)*. Im neuen Testament erscheint der Heilige Geist in der Pfingstgeschichte in Gestalt von »Feuerzungen« *(Apostelgeschichte 2,3)*.

❀ Im Harz lodern auf den Höhen des Brocken viele solcher Osterfeuer. Wiederum sind die größeren Buben die Trä-

ger des Brauchtums, meistens zwei Gruppen, die sich gegenseitig durch die Größe der Feuer zu überbieten suchen.
Schon lange vor Ostern haben sie sich nach passenden Fichtenstämmen umgeschaut. Diese werden zersägt und und im Backofen oder Heizkessel getrocknet. Die Holzstücke werden am stärkeren Ende gespalten. In diese Risse werden Holzkeile gesteckt, die den Stamm an dieser Stelle auseinanderreißen. In die Spalten wird Harz gestrichen, damit die Fackeln später gut brennen. Dann wird ein riesiger Haufen Fichtenreisig zusammengetragen, das hoch um einen aufrecht stehenden Fichtenstamm aufgeschichtet wird. Nach dem Einbruch der Dunkelheit wird das Osterfeuer entzündet. An einem Nebenfeuer werden die Fackeln angezündet und in kreisförmigen Bewegungen immer wieder neu angebrannt. Es ist ein schönes Bild, das sich dem Betrachter im Tal bietet: Um das lodernde Feuer drehen sich im Dunkeln noch dutzende von kleinen und großen Flammenkreisen. Es herrscht ein ausgelassenes Treiben, und es kann vorkommen, dass den Mädchen mit dem Holzruß das Gesicht geschwärzt wird.
Osterfeuer sind auch in der Schweiz und allgemein im Gebirge beliebt. Oft sind die Feuer vom Tal aus weithin sichtbar.

Osterräder

In manchen Gegenden brennt man neben dem Osterfeuer noch Osterräder ab. Schon Tage vor dem Osterfest legt man die schweren Räder ins Wasser, damit das Holz nicht verbrenne. Am Gründonnerstag werden Weidenzweige gedreht, mit denen Strohbüschel in die Radspeichen gebunden werden. Das Stroh wird in umliegenden Bauernhöfen »geheischt«, meistens in Verbindung mit etwas Geld. Am Karsamstag werden die Räder aus dem Wasser geholt, auf den Osterberg gebracht und mit Stroh ausgestopft. Nachdem das bereits vorbereitete Osterfeuer angezündet worden ist, werden nacheinander die Osterräder angezündet und den Berg hinuntergerollt. In früheren Zeiten glaubte man, dass jene Felder, die der Schein eines solchen Sonnen- oder Feuerrades berührte, reiche Frucht tragen würden.

Osterlachen

Vereinzelt findet man diesen Brauch noch, der aus den Ostkirchen zu uns gekommen ist und auch dort noch gepflegt wird: Nach der Messe in der Osternacht trifft sich die Gemeinde zu einem fröhlichen Schmaus, bei dem es sehr lustig zugeht und ausgelassen gelacht wird. Das Lachen soll ausdrücken, dass die Menschen nicht länger traurig sein sollen: Christus ist auferstanden und hat den Tod besiegt! Das Lachen befreit und gibt freudige Hoffnung – nicht nur in der Osternacht ...

Die Osterkerze

Einer gewissermaßen gebändigten Form des Osterfeuers entspricht die kirchliche Osterkerze, die sich wahrscheinlich aus einer Votivgabe entwickelt hat. Sie symbolisiert den Sieg des göttlichen Lichts über die heidnische Finsternis und gilt zugleich als Abbild Christi. Deshalb wird sie auch mit fünf Körnern besteckt, als Abbild der Wunden, die Christus erlitten hat. Früher verband sich mit ihr auch allerlei Zauberglaube.

Diese Kerze ist sehr groß und meist sehr kunstvoll gearbeitet. Während der Osternachtsfeier wird sie am Osterfeuer angezündet und in die dunkle Kirche getragen. An ihr entzünden die Gäubigen während des Gottesdienstes eigens mitgebrachte Kerzen, sodass es in der Kirche immer heller wird. »Christus ist das Licht«, so erklingt es dreimal. In der katholischen Kirche verbleibt die Osterkerze bis Christi Himmelfahrt am Altar, dann bekommt sie einen Platz am Taufbecken, wo sie nur anlässlich von Kindstaufen brennt. Die Kerze dort soll verdeutlichen, dass Christus für den Täufling das Leben errungen hat, auf dass es ihm mit allen Segnungen zuteil werde. In evangelischen Kirchen brennt sie bis zur nächsten Karwoche in jedem Gottesdienst.

Ostersonntag

Nun endlich ist der ersehnte Tag gekommen! Die Kirchenglocken jubilieren, und man versammelt sich zum Kirchgang am Ostermorgen. Das heißt, vorher wurden in unserer Familie selbstverständlich die Ostereier gesucht! Die Sonne leuchtete (denn früher war das Wetter besser!), die Osterglocken dufteten, und die Gläubigen machten sich auf den Weg zur Kirche, natürlich im besten Sonntagsstaat. Die Mutter und die Großmutter gaben uns Kindern immer Osterfladen und einen Palmkätzchenstrauß mit, um sie in der Kirche weihen zu lassen.
Großmutter selbst trug ein gebackenes Osterlamm in das Gotteshaus. Es wurde aus Hefeteig in einer besonderen Backform gebacken, und zwischen den Vorderbeinen steckten eine Kirchenfahne und ein rotes Ei. In der Kirche dann sangen die dankbaren Menschen das »Nun danket all« doppelt so laut wie sonst: Die Entbehrungen der Fastenzeit und der Karwoche waren vorbei!

Einige Bräuche wie das Verstecken und Suchen von Ostereiern, dessen Ursprung unbekannt ist, sowie einige Sinnbilder sind diesem und dem kommenden Freudentag eigen.

❀ Zunächst der Osterhase – der darf nicht fehlen! Ist er nicht der wichtigste Osterbote, vor allem für die Kinder? Ihm wird nachgesagt, dass er die Ostereier legt, bunt bemalt und dann in seiner Kraxe verteilt. Seit dem 17. Jahrhundert kennt man ihn, doch man ist sich nicht ganz einig, woher dieses Sinnbild stammt. Die einfachste Erklärung wäre die, dass es um diese Zeit, im März und April also, einfach sehr viele Hasen gab. Dies und der österliche Eiersegen – vielleicht hat ein kindliches Gemüt damals einfach eins und eins zusammengezählt: Viele Hasen, viele Eier – da liegt es doch auf der Hand, wie das zugeht!

❀ Eine weitere Deutung liegt in der sprichwörtlichen Fruchtbarkeit der Hasen, derentwegen man sie als Sinnbild für die Schaffung neuen Lebens heranziehen könnte. Man hat auch schon versucht, einen religiösen Grund für seine Rolle zu finden: Der Hase soll einen Schuldner oder Sünder verkörpern, der sich mit der Zahlung von Zinseiern entschuldigt. Dies scheint jedoch etwas weit hergeholt. Andere vermuten wieder, dass ein etwas unbeholfener Bäcker ein Opferlamm backen wollte und ihm dessen Ohren etwas lang geraten sind ... Wie auch immer: der genaue Ursprung des Osterhasen liegt jedenfalls im Dunkeln und ist und bleibt umstritten.

Das Osterlamm

Das Lamm gehört zu den ältesten christlichen Sinnbildern. Es erinnert an kultische Opferhandlungen, zum Beispiel den israelitischen Tempelkult, bei dem täglich ein Lamm geopfert wurde.
Schon seit dem vierten Jahrhundert findet man den wieder auferstandenen Christus als Lamm dargestellt. Dies dürfte auf den

ersten Korintherbrief des Apostels Paulus zurückgehen, wo es heißt: »Unser Passahlamm ist schon geopfert, das ist Christus.« *(1. Kor. 5,7)*. Auch lautet das Zeugnis Johannes des Täufers: »Siehe, das ist Gottes Lamm, das die Sünde der Welt trägt.« *(Joh. 1,29)*
Eine weltliche Erklärung für dieses Sinnbild ist wiederum die einfache Tatsache, dass es zu dieser Jahreszeit viele neugeborene Lämmer gibt. In katholischen Gegenden ist es heute noch üblich, ein Osterlamm zu backen. Mit Puderzucker wird es weiß bestäubt, eine Kirchenfahne wird in den Rücken gesteckt. Dann nimmt man es am Ostersonntag mit in die Kirche, um es weihen zu lassen.

In einigen Dörfern der Oberpfalz war es früher Brauch, dass am Palmsonntagnachmittag einige Ministranten mit einem hölzernen Palmesel von Haus zu Haus zogen. Sie sangen dabei laut das Gloria und wurden von den Anwohnern mit Naturalien belohnt.

Osterwasser

Bei uns im Dorf schöpften wir Mädchen und einige der jungen Frauen bei Sonnenaufgang aus dem nahe gelegenen Flüsschen Paar das Osterwasser. Dieser Brauch soll daran erinnern, dass Ostern früher ein beliebter Tag für die Taufe war. Man durfte noch keinen Bissen gegessen haben, und es durfte kein Sterbenswörtchen dabei gesprochen werden! Das war meist viel leichter gesagt als getan, denn die Burschen lauerten uns immer auf und taten ihr Möglichstes, uns zum Lachen oder Reden zu bringen.
Dem Osterwasser wurde großes Heil, Segen und Gesundheit zugeschrieben, und – wie wir Mädchen inständig hofften – auch eine verschönernde Wirkung. Es sollte helfen, die »Rossmucken«

– also Sommersprossen – zu bleichen, die damals noch nicht als pikanter Reiz galten. Wir wuschen uns mit dem Wasser, in das die Großmutter noch ein Waldkraut gab, das im Volksmund den rätselhaften Namen »Wiedergedeih« trug. Leider weiß ich nicht mehr, um welches Heilkraut es sich dabei handelte! Nun müssen wir eben so »schön« bleiben, wie uns der Herrgott gemacht hat.

Ostertanz

Ein Brauch, der uns heute sehr merkwürdig vorkommen würde, ist der Ostertanz. In der Barockzeit tanzten Priester und Ministranten im Altarraum. Dieser Tanz bildete einen festen Bestandteil der Osterliturgie.

Ostermontag

Im Vergleich zu den ausgiebigen Feierlichkeiten anlässlich des Ostersonntags wirken die Bräuche rund um den darauf folgenden Montag fast schon spärlich. Dennoch sind auch für diesen Feiertag einige schöne Brauchtümer überliefert.

Georgiritt

Der Georgiritt ist eine Pferdeprozession, die immer am Ostermontag stattfindet, obgleich der Tag des Hl. Georg eigentlich der 23. April ist. Beim Georgiritt zieht eine Prozession von geschmückten Rössern zu einer Kirche, die meist zugleich eine Wallfahrtsstätte ist. Gute Pferde waren und sind in der bäuerlichen Welt ja ein sehr kostbares Besitztum, das man in gebührendem Rahmen dem Heiligen vorführen will, um seinen Segen für die Gesundheit und Leistungskraft der Tiere zu erflehen.

Inmitten des Zuges reitet der Hl. Georg in einer glänzenden Rüstung, in der Hand trägt er die Kirchenfahne. Voran reitet der Herold in fürstlichem Gewand, ihm folgen sechs Postillione, die die Eröffnungsmusik spielen, dann folgt, ebenfalls hoch zu Ross, der Pfarrer. Die restliche Prozession kann aus über dreihundert Reitern bestehen! Sie stellen sich wie eine Kette um die Kirche, in der dann ein feierliches Amt gehalten wird. Nach dem Ende des Gottesdienstes reitet die Schar um die Kirche herum, und der Pfarrer segnet die Pferde unter Gebeten und Weihwassersprengen. Dann kehrte der Zug in die Stadt zurück, wo man gelegentlich im Anschluss an die Segnung der Tiere Pferderennen abhielt.

Der Gang nach Emmaus

Dieser Brauch stammt aus dem Rheinland, ist aber auch in anderen Gegenden durchaus bekannt. Ist am Ostermontag das Wetter gut, begibt man sich auf den Gang nach Emmaus. Das Ziel ist, einen Sündenablass zu erlangen, wozu man in früheren Zeiten zweitausend Schritte von Kirche zu Kirche gehen musste.
Gelegentlich kann man bei diesem Gang Kinder beobachten, die aus Weidenrinde Flöten herstellen, die »Häpp« oder »Huppe« genannt werden. Damit sich der Rindenbast gut vom Zweig löst, klopfen ihn die Buben und Mädchen mit Taschenmessern oder Steinen und singen dazu beschwörende Lösereime. Kleine Flöten werden daraus gemacht und aus spiralig abgeschälten, langen Rindenstreifen ganze Hörner, die den ohnehin schon eigenartigen Klang der »Häpp« verstärken.

Basteln für Ostern

Osterbasteleien

Bei uns daheim war es eigentlich der Großvater, der die Zeit des Osterbastelns einläutete. Ungefähr zweieinhalb Wochen vor dem ersehnten Fest ging er nämlich zu einem nahe gelegenen Wiesengrund und schnitt einen Arm voll Palmzweige. Die Kätzchen waren gerade aufgebrochen. Wir Kinder stellten sie in den bauchigen Tonkrug mit goldbrauner Glasur und hofften – wie jedes Jahr –, sie möchten doch, bittschön, am Palmsonntag aufblühen! Und diese schlanken Zweige mit ihren silbrigen, samtweichen Kätzchen verlangten förmlich nach Schmuck, nach bunten, glänzenden Bändern, bemalten oder beklebten Eiern, nach Aufhellung durch das zarte Schleiergrün junger Birkenzweige!
Von da an saß die ganze Familie abends um den großen Tisch, und jeder bekam sein Teil zu tun, mochte es auch noch so bescheiden sein. Das Osterbasteln ging damals fast gänzlich ohne Vorlagebögen oder Schablonen vor sich. Jedes Kind wusste einfach, wie ein Hase oder eine Henne aussieht, dass die glockigen Köpfchen der Schlüsselblumen goldgelb sind und die Tulpen rote Kelche tragen! Und so malte man drauflos, mit viel Fantasie und gutem Willen.

Osterschmuck aus Eiern

Die wichtigsten und schönsten Dekorationen zur Osterzeit sind natürlich die liebevoll verzierten Eier selbst. Hier ist die Vielfalt der überlieferten Bräuche und handwerklichen Fertigkeiten fast unendlich. All die Vorfreude auf das Osterfest spiegelt sich in den empfindlichen Schönheiten wider, die wir wegen ihrer zarten Schale oftmals von Jahr zu Jahr neu anfertigen müssen. Einige der schönsten Ideen und Traditionen habe ich hier gesammelt.

Am Anfang allen Eierschmucks steht die Kunst des Ausblasens und der richtigen Vorbereitung der Eier. Für alle, die das noch nie gemacht haben, sei es hier nochmals erklärt.

Das Ausblasen

Die Mutter und die Tanten legten zu dieser Zeit immer die schönsten Hühner- oder Enteneier zum Ausblasen beiseite, diejenigen, die ganz ohne Kalknoppen oder Rillen waren. Bevor sie auf vielerlei Weise geschmückt werden konnten, mussten sie mit einem weichen Lappen und etwas flüssiger Seife vorsichtig unter handwarmem, fließendem Wasser gereinigt werden. Das machte am besten die Tante Ilse, denn ihr entglitt niemals ein Ei aus der seifigen Hand.
Dann stellte sie die Eier in einen Pappkarton und verfügte, wer als Erstes von den Kindern eines ausblasen durfte. Darauf stach sie an der Spitze des Eies mit dem Eierstecher ein Loch in die Schale. Dieses musste nun vorsichtig erweitert werden, wozu Onkel Josfried immer gerne einen seiner kleinen Kreuzschlitzschraubenzieher hergab. Dann drehte sie das Ei und stach auf der anderen Seite ebenfalls ein Loch hinein, das wiederum verbreitert wurde, etwa auf einen Durchmesser von drei Millimetern. Darauf reichte sie dem erwählten kleinen Pausback das Ei und stellte ihm eine Schüssel unters Kinn, und der blies die Backen auf und pustete in mehreren Anläufen das Ei aus.

Leicht ging das nicht, und es half immer, wenn man zwischendurch das Ei schüttelte, sodass sich Eiklar und Eigelb vermengten. Auch durfte man das zerbrechliche Gebilde keinesfalls im Eifer des Gefechts zu stark drücken oder fallen lassen, sonst war alle bisherige Mühe vergebens. Das leere Ei wurde dann zum Saubermachen in eine Schüssel mit warmem Seifenwasser gelegt, bis es halb voll war, und erneut ausgeblasen. Zum Trocknen wurden die zarten Eihüllen dann in die Nähe des Ofens gestellt, am besten zwei Tage lang.

Das Färben und Schmücken

Während wir Kinder mit Wasserfarben aus dem Schulmalkasten unbekümmert draufloskleckstеn, entstanden unter den Händen von Tante Ilse und Tante Lore richtige Kunstwerke, die in der Kirche geweiht und dann als Ostergruß verschenkt wurden. Ich besitze heute noch einige sorgfältig gehütete Beispiele ihrer Schaffensfreude – und die dazugehörigen Anleitungen!

— Das älteste Familienrezept für geduldige Bastelkünstler —

Farbenprächtige Ostereier lassen sich auf folgende Weise herstellen. Material zu einem Dutzend Eier: Kugellack, Fernambuk- und Brasilienspäne aus der Apotheke, desgleichen getrocknete Malvenblüten und pulverisiertes Gummiarabicum, die Schalen von vier bis fünf roten Zwiebeln und allerlei kleine Wiesenblumen wie Primeln, Gänseblümchen, Veilchen oder das Blatt des Storchschnabels.

1 Die Zwiebelschalen und Malvenblüten legt man in kaltes Wasser, letztere jedoch in ein eigenes Schälchen, weil das Wasser sofort blau wird. Den Kugellack zerdrückt man zu feinem Pulver, bestreut damit ein viereckiges, etwa handgroßes Leinwandfleckchen (in der heutigen Zeit kann man auch Seidenstrumpfgewebe verwenden, das straff gespannt und abgebunden wird) und legt erst einige Blätter und Blumen, dann ein Ei darauf. Auf die eine Spitze legt man z. B. eine Zwiebelschale, auf die andere ein Malvenblatt und ringsum grüne Kräuter. Dann streut man ziemlich viel Kugellack darüber, faltet die Zipfel des Läppchens sorgfältig über dem Ei, damit nichts herausfällt, und bindet sie fest mit starkem Garn zusammen. Man kann dabei der Fantasie freien Lauf lassen und mit den Farben und Blumen vielfach wechseln. Nachdem alle Eier eingewickelt sind, bespritzt man sie ein wenig mit Wasser und lässt sie eine Nacht so liegen.

2 Malven färben dunkelblau, mit Kugellack violett, mit Zwiebelschalen zusammen dunkelgrün. Zwiebelschalen allein geben schöne, gelbe Flecke. Blumen und Kräuter heben sich zartrosa oder grünlich ab. Wer darauf hält, Osterhäschen oder Lämmer auf den Eiern zu haben, schneide solche recht zierlich aus Briefpapier und klebe sie einen Tag eher auf. Die Stelle bleibt dann nach dem Kochen weiß. Ebenso kann man Namen oder kurze Sprüche mit einem spitzen Seifenstückchen aufschreiben.

3 Anderentags wird die eine Hälfte der Eier in Wasser mit Fernambuk, die andere Hälfte in Wasser mit Brasilienspänen gekocht, wodurch wieder große Verschiedenheit der Farben entsteht. Nach halbstündigem Sieden kommen die Eier in kaltes Wasser und werden erst dann von ihrer Hülle befreit. Dies ist der hübscheste Augenblick, denn er bietet mannigfaltige Überraschungen! Zum Schluss wendet man die Eier in dem mit Wasser aufgelösten Gummiarabicum und trocknet sie in mäßiger Wärme, wodurch sie schönen Glanz erhalten.

— Ostereier, auf russische Art zu färben —

Alte, bunte Seidenläppchen, Reste unbrauchbarer Bänder sowie grellfarbige, bunte Wollflicken werden ausgezupft und bunt durcheinander gemischt. Dann umwickelt man die rohen Eier mit der ausgezupften Scharpie, sodass alles bedeckt ist, schlägt jedes Ei in weiße Leinen- oder Baumwollläppchen (bzw. Strumpfmaterial) ein und überbindet es fest mit Zwirn oder einem dünnen Bindfaden.

1 Die Paketchen werden nun in heißes Wasser gelegt und 10 bis 15 Minuten gekocht. Nach dem Auswickeln sind die Eier vollkommen marmoriert. Man kann auch aus Papier geschnittene Figürchen oder Buchstaben auf das Ei legen, die Buchstaben mit der Scharpie bedecken und weiter wie oben verfahren. Die Papiere sind nach dem Kochen gleichfalls abzunehmen; die Figur erscheint dann weiß auf marmoriertem Grunde.

2 Dieses Verfahren wird in Russland fast ausschließlich angewendet, da man dabei ganz sicher ist, dass die Kinder keine giftigen Farben in die Hände bekommen.

In Russland war der Brauch, schöne Ostereier zu verschenken, sehr weit verbreitet. Aus den Tagebüchern und Briefen des letzten russischen Zaren kann man erfahren, dass man sich auch in der Zarenfamilie Ostereier schenkte: wertvolle Porzellaneier von Fabergé waren besonders beliebt.

— Schöne Naturfarben für hart gekochte Eier —

Für einen Farbsud gilt folgende Faustregel: Man nehme etwa 25 Gramm der unten genannten Färbemittel, lasse sie mit einem Liter Wasser aufkochen und 15 Minuten ziehen. Dann gieße man den Sud durch ein Haarsieb ab.

1 Für eine rosabraune Farbe bereite man einen solchen Sud aus Krappwurz, für ein schönes Dunkelgrün einen aus gleichen Teilen Gelbholz und Stockrose. Walnussschalen ergeben ein tiefes Braun, ein Sud aus Sandelholz färbt die Ostereier rotbraun. Gelb werden die Eier mit Gelbholz, Lila mit Cochenille, Blauschwarz mit Blauholz. Mit Mischungen kann man ebenfalls schöne Farbtöne erzielen.

2 Man lege die Eier in den jeweiligen Farbsud und halte sie mit einer Nadel fest, bis sie ganz hineingesunken sind. Wenn das Ei den gewünschten Farbton hat, kann man es mit einer alten Schöpfkelle aus dem Sud heben und in kaltem Wasser rasch abschrecken. Die restliche Farbe aus der Kelle kommt dann wieder zum Sud.

3 Danach stelle man das Ei aufrecht zum Trocknen hin. Wenn manches Ei die Farbe nicht annehmen sollte, so färbe man es entweder dunkler oder tusche es schwarz, um noch durch Einritzen Verzierungen schaffen zu können.

— Geätzte Eier —

In jedes gefärbte Ei, sei es nun ausgeblasen oder für den Verzehr gedacht, kann man Muster ätzen, was sehr dekorativ aussieht. Zum Ätzen kann man zweierlei Säuren verwenden. Wenn nur Erwachsene arbeiten, ist die Verwendung von 10-prozentiger Salzsäure, die man in einem Glasgefäß aufbewahrt und nach Gebrauch sofort mit einem Schraubdeckel verschließt, sicher ohne großes Risiko. Wenn größere Kinder (denn für die Kleinen eignet sich diese Technik gar nicht!) mitarbeiten, greift man auf Zitronensäure zurück, die nun doch harmloser ist. Dann braucht man noch eine alte Spitzfeder und Zahnstocher, wenn eine größere Fläche ausgemalt werden soll.

1 Man denkt sich ein Muster aus, einen blühenden Strauß etwa oder eine Henne in ihrem Nest, und zeichnet dieses mit Bleistift vor.

2 Dann soll mit der Feder oder dem Zahnstocher die Säure entlang der vorgezeichneten Linien und Flächen aufgetragen werden. Sie sollte eine oder zwei Minuten eindringen. Dann kann man sie mit einem leinenen Lappen abtupfen und mit einem anderen Zipfel kurz darüberwischen.

Tipp Weil nicht jedes Ei gleich ist, muss man bei einigen das Auftupfen der Säure wiederholen.

— Geritzte Ostereier —

Sehr schön und nicht schwer ist das Ritzen oder Gravieren von gefärbten Eiern. Die Farben sollten kräftig und eher dunkel sein, damit sich die Gravur wirkungsvoll abhebt. Man benötigt dafür ein feines Spitzfräsgerät, wenn das Ergebnis vollkommen sein soll, man kann aber auch mit einer gewöhnlichen Spicknadel schon beachtliche Erfolge erzielen.

1 Man nehme also das kräftig gefärbte oder schwarz getuschte Ei und zeichne wiederum ein Muster vor, zum Beispiel verschieden geformte Blätter oder geometrische Gebilde.

2 Entlang der Linien kratze man in feinen Strichen das Muster nach. Wenn eine Linie oder Fläche noch heller werden soll, muss sie eben erneut bearbeitet werden.

Tipp Eine gelungene Abwechslung dieser Variante stellen die so genannten »Antlass-« oder »Ablasseier« dar. Diese werden mit Sprüchen verziert, die in altdeutscher Schrift aufs Ei geritzt werden. Hier ein Beispiel:

Es kann die Ehre dieser Welt
Dir keine Ehre geben;
Was dich in Wahrheit hebt und hält,
Muss in dir selber leben.

Sind die Eier fertig geritzt, so kann man ihnen vermittels Abreiben mit einer Speckschwarte einen schönen Glanz verleihen. Man kann die Eier auch mit Klarlack lackieren oder mit Gummiarabicum abschließend behandeln.

— Bossierte Eier —

Ein alter Brauch ist das Bossieren, das auch heute noch bei den Sorben in der Lausitz gepflegt wird. Unter Bossieren versteht man die kunstreiche Verzierung von Ostereiern mit buntem Wachs. Man benötigt dafür folgende Dinge: Eine Untertasse, ein Stövchen mit Teelicht, drei bis vier leere Teelichter, eine weiße Kerze, die in Stücke geschnitten wurde, Färbewachs, zwei oder drei Rundhölzchen (oder Bleistifte), zwei oder drei Stecknadeln mit verschieden großen Kugelköpfen und – falls möglich – eine Platte zum Warmhalten. Es können bereits gefärbte, weiße oder braune, gekochte oder ausgeblasene Eier verwendet werden. Das Wachs wird geschmolzen und mit Hilfe eines Stecknadelkopfes aufgetragen. So entstehen dekorative Eier mit einer interessanten Oberfläche.

1 Das Werkzeug, welches zum Auftragen des Wachses verwendet wird, ist ein Rundhölzchen, in das eine Kugelkopf-Stecknadel fest eingesteckt wird. Drei verschiedene Rundhölzchen mit unterschiedlich großen Stecknadelköpfen reichen zwar, aber die dekorative Wirkung des Bossierens steigt mit der Anzahl der verschieden großen Stecknadelköpfe.

2 Nun muss das Teelicht im Stövchen angezündet werden. Darauf stelle man die Untertasse mit einem leeren Teelichtbehälter und schmelze einige der kleinen Kerzenstückchen – ohne den Docht, versteht sich! Zwischendurch etwas Färbewachs zugeben. Da das Wachs nicht sieden sollte, verwende man abwechselnd eine zweite Untertasse oder regle die Hitze anderweitig. Nun kann das erste Ei bossiert werden.

3 Zunächst ein Muster, z. B. Blumen- oder geometrische Muster, mit zarten Bleistiftstrichen auf das Ei vorzeichnen. Einen Stecknadelkopf in das Wachs eintauchen, sofort auf das Ei aufsetzen und den Wachstropfen verziehen, das heißt, in die Länge ziehen, bis er sich nach unten verjüngt. Die Hand, die das Ei hält, sollte auf der Arbeitsfläche abgestützt werden, so bleibt sie ruhig.

Tipp Bei verschiedenen Farben benötigt man einen separaten Teelichtbehälter für jede weitere Farbe. Um das Wachs flüssig zu halten, leistet eine Warmhalteplatte gute Dienste.

— Mit Seidenpapier beklebte Eier —

Für diese Schmuckvariante setzt man Tapetenkleister mit Wasser an und rührt ihn nach zwanzig Minuten mit einem Kochlöffel kräftig durch. Dann reißt man Seidenpapier in verschiedenen Farbtönen in kleine Stücke. Bevor endgültig begonnen wird, sollte eine Schüssel mit etwas Wasser und ein Tuch bereitliegen, um die klebrigen Hände zwischendurch wieder sauber machen zu können.

Ein ausgeblasenes Ei wird rundum mit dem Kleister bestrichen und die bunten Seidenpapierstücke darauf geklebt. Sollte das Papier nicht gleich kleben, so ist es empfehlenswert, mit einem Pinsel oder dem Daumennagel noch einmal vorsichtig darüber zu gehen.

Tipp Hier kann man mit schönen Kontrasten arbeiten, gelber und roter Farbe etwa, oder Smaragdgrün mit Altrosa. Auch für Kinder ist diese Art der Verzierung leicht zu erlernen. Für sie empfiehlt es sich, die Papierstücke am Anfang etwas größer zu lassen und den Kleister in kleinere Gefäße abzufüllen. Den Tisch sollten Sie gut mit Zeitungspapier abdecken, vielleicht auch den Boden.

— Beklebte Eier —

Hier sind der Fantasie keine Grenzen gesetzt. Als Materialien zum Aufkleben eignen sich Heiligenbildchen, Glanzbilder, Seidenblümchen, kleine Perlen, Stickereiblüten und vieles mehr, getrocknete Blumen etwa oder Zeitungsausschnitte, Glimmer und Borten. Natürlich kann man auch verschiedene Materialien kombinieren. Dafür sollte man sich schon frühzeitig ein kleines Schatzkästlein zulegen!

1 Ein Blumenei könnte zum Beispiel so aussehen: Man klebt ein Poesiebildchen, etwa das pausbäckige Engelpaar, das die Ellbogen auf der dicken Wolke aufgestützt hat, auf das Ei. Das geht am besten, wenn man es zuvor mehrmals vom Rand aus auf einen Mittelpunkt hin eingeschnitten hat. Dabei sollte man auf die Konturen des Bildes achten.

2 Dann wird das Bild mit Klebstoff bestrichen, und die einzelnen Abschnitte werden nacheinander vorsichtig auf das Ei gedrückt. Die Schnittkanten werden sanft mit dem Daumen glatt gestrichen, damit sie nicht einreißen.

3 Mit einer Stecknadel sticht man dann in regelmäßigen Abständen Löcher in die Schale, um das Poesiebildchen herum.

Ein Glimmerei ist ebenfalls sehr schön anzuschauen. Man nehme ein goldgelb gefärbtes Ei, klebe nach obigem Vorbild ein Madonnenbild auf und bestreiche die übrige Fläche des Eies großzügig mit Klebstoff. Dann streue man tiefgoldenen Glimmer darauf, lasse ihn antrocknen und arbeite so weiter, bis die Madonna von einer schimmernden Schicht Glimmer umrahmt ist.

Seidenblümchen oder -blüten werden die Stiele gekürzt und diese sodann in die Löcher der Eierschale gesteckt. Die Unterseite der Blüten sollte vorher mit Klebstoff bestrichen und nach dem Einstechen angedrückt werden. Die Blüten sollten das Ei flächig bedecken.

— Lavendeleier —

Lavendelblüten bezaubern uns mit ihrem zarten Lilaton und mit ihrem wunderbaren Duft. Sie fühlen sich ein wenig samtig an.

1 Ausgeblasene Eier werden mit einer zarten Schicht Blau aus dem Wasserfarbkasten bemalt und dann dick mit angerührtem Tapetenkleister bestrichen.

2 Vor sich habe man ein Schüsselchen mit Lavendelblüten, in welchem man das Ei vorsichtig hin- und herrollt, bis das Ei die Blüten über und über angenommen hat. Diese vorsichtig andrücken.

Tipp Die Eier sollten mindestens einen Tag lang trocknen. Man kann sie mit farblich passenden Bändern verzieren.

Variante Eine Abwandlung der Lavendeleier sind Blüteneier. Die Eier können sowohl gekocht als auch ausgeblasen verwendet werden. Blüten, Blütenblätter und verschiedene Laubblätter sollten mindestens zehn Tage lang zwischen den Seiten dicker Bücher gepresst werden. Dann kann man die Blütenteile mithilfe einer Pinzette auf das Ei kleben. Sehr gut macht sich natürlich, wie im obigen Beispiel, eine vorherige, farblich passende zarte Grundierung.

— Eier mit Täubchen und Glasperlen —

Dieses mit feinen Spitzen geschmückte Ei ist ein reizender Blickfang für jeden Osterstrauß. Man verwendet rohe Eier, die entweder weiß bleiben oder bunt gefärbt oder golden gespritzt werden. Bei der Dekoration sind der Vorstellungskraft keine Grenzen gesetzt. Egal ob man Spitzen, Stoffblümchen, Trockenblumen, Glasperlen oder kleine Vögel aus dem Bastelgeschäft verwendet – diese Eier werden ein voller Erfolg und sind auch ein beliebtes Ostergeschenk!

1 Erst muss man einen Kreis auf das Ei zeichnen. In die Mitte des Kreises wird dann eine Nagelschere gesteckt und das entstandene Loch vorsichtig vergrößert, bis man ganz vorsichtig in spiralförmig größer werdenden Kreisen ein Loch ausschneiden kann. Der Inhalt des Eies wird in eine Schüssel geleert und so der Grundstein zu einem Omelett gelegt. Dann muss das Ei sauber ausgewaschen, gefärbt und gut getrocknet werden.

2 Der Rand um das Loch wird mit feiner Spitze umklebt. Dann wird in jedes Ei ein Stückchen Trockenschaummasse oder, besser noch, weißes Styropor geklebt. Der Klebstoff muss völlig trocken sein, bevor weitergearbeitet wird.

3 Nun steckt man rosige oder weiße Perlen und ein weißes Täubchen, das schon mit einem Steckdraht versehen ist, in das Stückchen Styropor, wobei unter Umständen noch nachgeklebt werden muss. Man achte auf eine gefällige Anordnung.

4 Für die Aufhängung muss oben in der Mitte ein kleines Loch ins Ei gebohrt werden. Dann bindet man einen feinen Nylonfaden an ein kleines Stück Zahnstocher oder Zündholz und steckt das Hölzchen in das Loch. Darauf wird der Faden hochgehalten, etwas Klebstoff ins Loch gegeben und zur Verzierung noch einige Perlen eingesteckt. Nun kann das fertige Ei zum Trocknen aufgehängt werden.

— Blauholzeier —

Blauholz ist das Kernholz eines in Mitteleuropa und Indonesien heimischen Baumes und ein traditionsreiches Färbemittel. Für diese Färbevariante benötigt man rohe Eier.

1 Das Ei mit einigen Blauholzspänen belegen und von der Eierkuppe ausgehend mit Zeitungspapier umwickeln. Mit einem nassen Wollfaden das Ei längs und quer verschnüren. Dann die verpackten Eier wie gewohnt kochen und im Wasser abkühlen lassen.

2 Die Verpackung aus Zeitungspapier lösen. Alte Handschuhe oder Gummihandschuhe schützen die Hände bei dieser Tätigkeit vor hartnäckigen Verfärbungen. Zum Schluss noch mit einer Speckschwarte einreiben, damit das Ei schön glänzt.

In der Apotheke kann man heute verschiedene Kräuter und Hölzer bekommen, um Ostereier mit natürlichen Farben zu färben. Aber auch die eigene Küche hält allerlei bereit: Der Saft der Roten Bete färbt kräftig rot, Zwiebelschalen ergeben einen schönen Gelbton. So kann man manches ausprobieren und immer wieder neue schöne Farbtöne erzielen.

Das Aufhängen oder Aufstellen der Ostereier

Nun sind die Eier gefärbt oder geschmückt und verlangen nach einem schönen Platz zum Aufhängen. Es gibt dafür verschiedene Möglichkeiten:

❀ Man bindet einen Zwirnsfaden an ein zirka 1 Zentimeter langes Zündholzstückchen. Dieses lässt man in das obere Loch fallen, das Hölzchen stellt sich dann von selbst im Ei quer und kann nicht mehr herausgleiten. Das Ei kann mithilfe des Zwirns am Osterstrauß befestigt werden.

❀ Man kann auch ein Seidenbändchen durch beide Löcher des Eies ziehen und dieses dann unten an der Außenseite mittels einer Schlaufe oder einer Perle befestigen.

❀ Sollen besonders gut gelungene Ostereier als Blickfang einzeln aufgestellt werden, so empfiehlt sich als Unterlage ein hölzerner Vorhangring, naturfarben belassen oder bemalt.

Osternester und hübsche Kränze

Wenn die kleinen Künstler des Nachts, zerzaust und mit heißen Backen, unter ihren karierten Federbetten schliefen und vom Osterhasen träumten, so stellten die Eltern die Osternester, Schmuckkörbchen und Kränze her. Für jedes Kind machte man ein eigenes Nest oder Körbchen, damit es keine Tränen und keinen Zank gab.

Es kam aber auch vor, dass man den Fund der österlichen Gaben gänzlich dem Spürsinn der Sucher überließ. Dann versteckte man die bunten Eier und die gelben Zuckerküken mit den Schokoladenfüßchen auch gerne bei den Narzissen im Garten oder in einem Bett von Männertreu. Für uns Kinder war die Ostereiersuche im Garten immer die Hauptsache des Festes. Da gab es viel Jubel und Lachen, wenn die guten Sachen endlich gefunden waren. Manchmal musste die Großmutter allerdings, gerade bei den Kleinsten, etwas helfen, damit auch jeder sein Nest fand. Ein solches Versteckspiel im Grünen ist nicht zuletzt abhängig vom Wetter!

— Bunte Eier im Efeunest —

Am schönsten sind Osternester, wenn sie aus natürlichen Materialien hergestellt werden. Da frisches Gras im zeitigen Frühjahr oft noch nicht zur Verfügung steht, können wir uns mit immergrünen Gewächsen behelfen.

1 Hierfür schneidet man neun schöne Efeuranken und legt sie in der Form eines Sterns am Boden aus. In der Mitte werden diese dann mit Bastfäden oder Blumendraht fest verbunden. Die oberen Enden werden mit einem Stückchen Bast zusammengebunden. In dieses flaschenförmige Gebilde flicht man seitlich weitere lange Efeuranken ein. Ist die gewünschte Höhe erreicht, bindet man die oberen Enden wieder los, kürzt sie gleichmäßig und verflicht sie von oben her als Randabschluss.

2 Mit Moospolstern und weiteren Efeuranken werden alle Zwischenräume aufgefüllt und dann das Nest weich mit Moos oder Blättern gepolstert. Einige Blätter lässt man über den Rand hängen.

— Kressekranz —

Einen solchen Kranz kann man auch aus Weizen oder Katzengras (Tierhandlung) herstellen; beides braucht aber etwas länger zum Keimen.

1 Auf einen großen, flachen Teller oder ein Bastkörbchen mit etwas Wachstuch legt man einen 8–10 Zentimeter breiten Rand aus Blumenerde. Diese Erdschicht muss nicht dick sein. Mit der Einspritzflasche gut durchfeuchten und darauf gleichmäßig Kressesamen verteilen. Der Teller wird ans Fensterbrett gestellt, die Erde sollte gut feucht gehalten werden.

2 Ist eine Woche um, so hat sich ein Ring aus Kresse gebildet. In die Mitte legt man etwas Moos und setzt darauf gefärbte oder bemalte, hart gekochte Eier.

> Ein schöner Brauch bestand früher darin, alle Feuer im Haus ausgehen zu lassen und vom Osterfeuer oder von der Osterkerze eine neue Flamme mitzubringen.

— Ein Strohnest für braune Eier —

Dieses Nest aus Naturmaterialien sieht wunderschön aus und passt zu Ostereiern, die ebenfalls möglichst »naturbelassen« sind.

1 Eine Hand voll Stroh wird gebündelt und mit Blumendraht umwickelt. Dann wird ein weiteres Strohbüschel daran angelegt und wieder mit Draht umwickelt. Je nachdem, wie groß das Nest werden soll, entsteht so ein Strang, der aber nicht länger als ein Meter sein sollte.

2 Diesen Strohstrang dreht man dann wie die Windungen eines Schneckengehäuses zu einem Nest. Will man einen Henkelkorb herstellen, so knickt man das letzte Stück des Strangs nach oben ab. Die Knickstelle muss anschließend gut abgenäht werden. Das Strangende auf der gegenüberliegenden Seite mit doppeltem Garn festnähen.

3 Will man im Korb schwerere Gegenstände herumtragen, sollte man in den Henkel noch zusätzlich ein Drahtstück einschieben und befestigen. Ist kein Henkel gewünscht, sollte das Ende des Strangs gut mit Draht befestigt werden.

4 In das so entstandene Nest drückt man vorsichtig eine Mulde und vernäht die einzelnen Windungen mit starkem Garn. In den Rand werden ganz feine, weiße Daunenfederchen gesteckt. Nun kann das Nest mit Eiern gefüllt werden.

Tipp Besonders hübsch sehen darin braune Eier aus, die nur hart gekocht und mit ausgeschnittenen Blumenmotiven beklebt sind. Man kann aber auch gebastelte Küken hineinsetzen.

— Bunte Osternester aus Teig —

Diese Osternester sind so schnell und einfach zu machen, dass sich sogar Kinder daranwagen können.

1 150 Gramm Magerquark, 6 Esslöffel Milch, 6 Esslöffel Pflanzenöl, 75 Gramm Zucker mit einem Packerl Vanillezucker und einer Prise Salz gut verrühren. 150 Gramm Haferflocken mit 150 Gramm Mehl und einem Packerl Backpulver vermischen, der obigen Mischung zufügen und gründlich unterkneten. Dann das Backrohr vorheizen (etwa 190 °C für Elektroöfen, Gas Stufe 3–4).

2 Aus dem Teig auf einem bemehlten Holzbrett 12 fingerdicke, ungefähr 20 Zentimeter lange Rollen formen. Jeweils zwei dieser Rollen umeinander schlingen und auf einem gefetteten Backblech zu Kränzchen legen. Ein Eigelb verquirlen und die Kränzchen damit bestreichen.

3 Aus Pappe sechs Kreise mit einem Durchmesser von etwa vier Zentimetern schneiden und an der Außenseite einfetten. Heute kann man die Ränder auch mit Alufolie umwickeln, die man mit etwas Butter bestrichen hat. Die Kreise werden dann in die Mitte der Kränzchen gesetzt.

4 Die Kränzchen im Ofen auf der mittleren Schiene etwa 15 Minuten lang backen und ein buntes Ei in jedes Nest setzen.

> Aus dem Teig für die Osternester können Kinder auch anderes Gebäck formen, Osterhasen beispielsweise, Gänse oder Lämmer. Der Fantasie sind da kaum Grenzen gesetzt.

— Osterkranz —

Als Unterlage für den Kranz nehme man einen Strohrömer oder Weidenring. Zur Dekoration benötigt man Efeuzweige, Moos, Blütenstände (auch abgeblühte) und Beeren. Bei uns zu Hause wurden gerne getrocknete Vogelbeeren verwendet.

1 Zunächst muss das Moos zu kleinen Bündeln geformt werden, die man durch Blumendraht stützt. Dann wird Wickeldraht an der Unterlage befestigt. Nach und nach werden nun Blätter, Zweige, Moos und Beeren mit der einen Hand um den Weidenring gelegt und mit der anderen Hand mit dem Draht festgewickelt.

2 Will man den Kranz aufhängen, legt man ein seidenes Band doppelt und windet es um den Kranz. Sehr hübsch sieht es aus, wenn noch gelbe und weiße Narzissenblüten hineingesteckt werden.

— Türkranz (mit Gänsen) —

Ein bunt bedrucktes Band schmückt diesen Kranz an der Tür besonders schön. Österliche Motive oder frühlingsfrische Farben machen ihn zu einem herzlichen Willkommensgruß, der Jahreszeit gerade angemessen.

1 Man versieht einen Weidenkranz (heute im Bastelgeschäft erhältlich), der einen Durchmesser von ungefähr 25 Zentimeter hat, mit einer Aufhängeschlaufe. Rotes Seidenband hebt sich sehr schön von dem naturfarbenen Weidenkranz ab, noch besser wäre ein mit Gänsen bedrucktes Band. Einen Rest davon übrig lassen. Dann hängt man den Kranz vor sich auf, da es einfacher ist, am hängenden Kranz weiterzuarbeiten.

2 In die untere Mitte klebt man ein Stückchen Trockensteckschaum und sichert es, wenn nötig, mit Blumendraht. Darauf verteilt man Erikazweige, Dschungel- oder Schlafmoos aus dem Wald und befestigt es mit einer Strohblumennadel. Eine große und eine kleine, weiße Federgans auf das Moos setzen und diese mit frischem Buchsbaumgrün, roten Tulpenblüten (Stiele auf drei bis vier Zentimeter kürzen), Palmkätzchen und Osterglockenblüten umgeben. Das restliche Band wird zu einer Doppelschleife gelegt, ein Stückchen Band als »Knoten« um die Mitte geklebt und vor die Schlaufe gesetzt.

Tipp Dieser Kranz bietet einen sehr erfreulichen Anblick, und das nicht nur zur Osterzeit. Man muss nur gelegentlich die welken gegen frische Blütenköpfe austauschen, Frühlings- gegen Sommerblumen und Gräser, und im Herbst gibt es Vogelbeeren, Maiskörner und flammende Blätter.

— Weidenkörbchen —

Die kleinen Körbchen, die früher der Großvater noch aus sorgsam gewässerten Weidenruten selbst flocht, kann man heute kaufen. Sie machen sich sehr gut als Zierde auf jedem Ostertisch und sind darüber hinaus sehr schnell herzustellen.

In jedes Körbchen wird ein Stückchen Steckschaum gelegt, mit Dschungelmoos abgedeckt und mit Efeublättchen, Blümchen, schmalbändigen Schleifen, zarten Federn, Knospen oder kleinen Vögelchen besteckt.

— Kranz aus getrockneten Rosenköpfen —

Das Trocknen der Rosenköpfe, das natürlich im Vorjahr stattfinden muss, geht so: Man kürzt frische Rosen auf eine Stiellänge von etwa zwei Zentimetern. Etwas Trockensalz in eine Blechdose geben und die Rosenköpfe hineinstecken. (Das Trockensalz ist notwendig, damit die Blüten ihre Farbe behalten.) Dann sollen die Rosen mit einer dicken Schicht Trockensalz bedeckt werden und vierzehn Tage lang in der verschlossenen Dose trocknen. Zwischendurch sollte man überprüfen, ob sie schon durchgetrocknet sind. Ist dies der Fall, so nimmt man sie aus der Dose und schüttelt das Salz gut ab.

1 Die getrockneten Rosenköpfe werden mit einer Stopfnadel seitlich durchbohrt, und zwar am Ansatz des Stiels.

2 Dann befestigt man einen zirka 50 Zentimeter langen Blumendraht an einem Tür- oder Schubladengriff. Auf diesen Draht werden die Rosenköpfe aufgefädelt, und zwar durch die vorher gebohrten Löcher. Es sieht sehr hübsch aus, wenn man grüne Blätter dazunimmt, so wird der Kranz farblich abgerundet.

3 Zum Schluss verdreht man die Drahtenden und biegt daraus eine Aufhängung. Der restliche Draht wird abgezwickt. In der heutigen Zeit kann man den Kranz mit farblosem Lack besprühen, damit die Rosenköpfe und -blätter ihre Farbe länger behalten. Auf diese Weise bleibt Ihnen dieser schöne, stimmungsvolle Wohnungsschmuck das ganze Jahr erhalten.

— Ein österlicher Weidenbogen —

Der Weidenbogen ist ein schöner Schmuck für ein Blumenfenster oder für den Platz vor der Haustür. Sie sollten aber darauf achten, dass der Bogen an einem wettergeschützten Platz steht, dann haben Sie länger Freude daran.

1 Aus naturfarbenem Bast wird ein fingerdicker Zopf geflochten und dieser um den Rand eines irdenen Blumentopfes gelegt, der höher als 15 Zentimeter sein sollte. Dann den Topf zur Hälfte mit Knetmasse oder Trockensteckschaum füllen.

2 Frische Weidenzweige werden bogenförmig in den Topf gesteckt und oben mit Bast zusammengebunden. Die Stelle, an der die Zweige zusammengebunden sind, kann mit einer gelben Blüte, beispielsweise Stiefmütterchen, Krokus oder Osterglocke, verdeckt werden. Zwischen die Weidenzweige können zusätzlich noch zwei kleine gelbe Eier oder ein großes Ei gelegt werden. Am Rand des Blumentopfes werden Buchsbaumzweige eingesteckt.

3 In den Bastzopf wird noch eine gelbe Blüte eingesteckt, desgleichen an verschiedenen Stellen des Weidenbogens, jedoch nicht mehr als zwei oder drei Stück. Das ganze Arrangement sollte nicht überladen wirken.

— Rosenblätterkranz —

Früher standen uns in der Osterzeit natürlich nur die getrockneten Rosenblätter vom Vorjahr zur Verfügung. Heute kann man auch frische Blütenblätter und Blätter verwenden. Allerdings müssen die frischen Blätter besonders dicht zusammengeschoben werden, da sie beim Trocknen recht schrumpfen und ein »schütterer« Kranz nicht gerade beeindruckend wirkt.

1 Man befestigt wieder ein 40 bis 50 Zentimeter langes Drahtstück an einem Schubladengriff oder an einer Türklinke. Den Draht spannen und die Blütenblätter nacheinander auffädeln. Dabei den Draht gerade halten. Die Farben können kunterbunt oder nach bestimmten Farbtönen sortiert aufgereiht werden. Dazwischen legt man immer wieder grüne Blätter.

2 Wenn der Kranz die gewünschte Größe erreicht hat, verdreht man die Drahtenden und kürzt sie bis auf einen Zentimeter. Dann biegt man das Drahtende um. An dem so entstandenen Häkchen kann der Kranz aufgehängt werden. Dort kann auch ein Schmuckband befestigt werden. Den fertigen Kranz sollten Sie mit Sprühlack schützen.

Meine Schwester und ich fragten uns immer verblüfft, wie ein Kranz aus getrockneten Blütenblättern vom letzten Sommer noch so herrlich duften konnte – gerade so, als vergrübe man seine Kindernase in einer voll erblühten Teerose! Erst viel später hat sich dieses Wunder aufgeklärt: Man nennt es »Betupfen mit Rosenöl«. Wenn Sie Duftöl verwenden, achten Sie darauf, natürliches Öl zu bekommen. Synthetische Duftstoffe wirken leicht künstlich.

Palmsonntagsschmuck

Am Palmsonntag hielt Jesus Einzug in Jerusalem. Um daran zu erinnern, werden noch heute gelegentlich Palmbuschen oder Palmstecken zur Weihe in die Kirche getragen. Für die Leute damals war es jedoch eine Selbstverständlichkeit – so kam doch Segen und Glück ins Haus!

— Ein Lämmchen zum Weihen —

Für diese rührende Weihgabe benötigt man eine ovale Spanschachtel und ein ausgeschnittenes Landschaftsbildchen.

1 Man legt das Bildchen auf die Spanschachtel, zeichnet die Umrisse nach und schneidet es etwas kleiner aus. Damit beklebt man den Boden der Schachtel. Auf die Innenseite klebt man Plastilin oder Steckschaummasse und steckt kleine Buchsbaum- oder Birkenzweiglein hinein, Beeren, Efeu oder Palmkätzchen.

2 Aus zwei Ästchen verfertigt man ein kleines Kreuz aus Holz, das man mit einem schmalen, glänzenden Band verziert. Dieses Kreuz steckt man seitlich ins Innere der Schachtel. Dann setzt man eines der schönsten Sinnbilder des Osterfestes, ein Osterlamm, hinein. Unseres war sehr hübsch und klein, aus Holz geschnitzt und der Weihnachtskrippe entliehen.

Die oft kunstvoll gebundenen Palmbuschen werden nach der Segnung im Gottesdienst meistens hinter das Kreuz im Herrgottswinkel des Hauses gesteckt. In manchen Gegenden werden sie aber auch auf die Gräber der verstorbenen Angehörigen gelegt.

— Palmstecken —

Für einen Palmstecken kann man Palmkätzchen-, Hasel-, Buchsbaum-, Tannen- oder Wacholderzweige verwenden, je nachdem, was in der Heimat oder im Garten wächst.

In unserer Familie band man drei bis vier kleine Palmsträußchen aus Weidenkätzchen und grünen Zweigen von Birke oder Buchsbaum. Diese Buschen wurden übereinander an lange Haselnussstecken gebunden. Drei solche Zweige konnten die Kinder auch an einen gegabelten Zweig binden. Zwei davon kamen an die Enden und ein Buschen in die Mitte der Gabel. Damit man den Bindedraht oder die Schnur nicht sieht, verdeckt man sie mit einem breiten, bunten Kreppband.

Tipp Als Schmuck hängt man Kreuze, bemalte Eier, Gebildbrote, farbige Bänder oder Hobelspanlocken hinein.

Eigentlich müssen in die Palmgebinde nach altem Brauch drei blühende Palmkätzchen, drei Buchszweige und drei Wacholderzweige eingebunden sein. Diese Pflanzen schützen nach altem Volksglauben vor Bösem und Zerstörendem. Aus dem gleichen Grund wurden in manchen Regionen einige Zweige des gesegneten Palmbuschens zusammen mit einem kleinen, einfachen Kreuz aus Holzspänen auf die Felder gesteckt, um sie zu segnen und vor Schaden zu bewahren. Bräuche rund um den Palmbuschen haben sich noch vielerorts erhalten.

Osterschmuck aus Papier, Stein, Wolle und Holz

Die filigrane Arbeit mit den empfindlichen Eiern ist nun wahrlich nicht jedermanns Sache. Aber auch wer »Handfesteres« bevorzugt, muss nicht auf selbst gebastelten Osterschmuck verzichten. Auch mit stärkeren Materialien lassen sich wunderschöne Stücke anfertigen, die zudem auf eine längere Lebensdauer hoffen dürfen.

— Küken und Hennen —

Mein stiller Vater zeichnete gern, und so war es für ihn ein Leichtes, Osterschmuck aus Sperrholz anzufertigen. Versuchen Sie es auch einmal, es ist wirklich nicht schwer!

1 Die Motive mit Pauspapier auf etwa 2 Millimeter starkes Sperrholz übertragen und dann mit der Laubsäge aussägen. Dazu muss das Sperrholz auf einer Arbeitsplatte festgeklemmt werden. Dann die Kanten mit Schleifpapier glätten, damit man sich nicht verletzt. Für den Aufhänger in jede Figur oben ein kleines Loch bohren.

2 Dann müssen die Tiere beidseitig bemalt werden, die Küken kräftig gelb mit orangefarbenem Schnabel und weißen Augen. Eine Schnabellinie aus einem dunkler angemischten Orange aufmalen und schwarze Tupfer als Pupillen.

3 Die Henne wird weiß grundiert. Den Schnabel mit Gelb,

Kamm und Kropf mit Rot bemalen. Zum Schluss als Aufhänger jeweils einen Faden durch die Löcher ziehen.

Tipp Auch Marienkäfer oder Bienen lassen sich so anfertigen, ebenso Blumen oder Schmetterlinge. Und nun fehlt nur noch ein Strauß aus Goldlack oder Birkengrün, in den die Tierfiguren gehängt werden können. Sehr hübsch sehen die Anhänger aus Sperrholz auch an einem sogenannten Jahreszeitenbaum aus, wie man sie in letzter Zeit wieder häufiger sieht. Sie bestehen aus einem senkrechten Holzstab und mehreren Querhölzern, an die allerlei gehängt werden kann, je nach Jahreszeit (daher der Name). Die »Bäumchen« kann man ins Fenster hängen oder aufstellen.

— Flauschige Küken —

Sollten Sie noch ein Strickkörbchen haben, werden Sie dort vielfach geeignetes Material finden. Wenn nicht, kann man auch weiße oder farbige Watteböllchen verwenden. Aber vielleicht lohnt sich doch die Anschaffung eines Knäuels gelber Mohairwolle für diese zarte Osterbastelei ...

1 Aus Wolle wird ein kleiner Ball gedreht. Ein Stück des Wollbällchens wird mit Zwirn abgebunden und daraus ein Köpfchen geformt. Dann nimmt man eine halbe Eierschale, die gut ausgewaschen ist und einen zackigen Rand hat, und klebt das Küken hinein. Als Flügel eignen sich kleine Federn. Der Federkiel wird am unteren Ende mit Klebstoff bestrichen und in die Wolle gesteckt.

2 Aus Tonpapierresten, die sich farblich gut von dem Küken abheben, schneidet man Augen, einen Schnabel und einen kleinen Kamm aus und klebt die Teile auf. Sehr schön sehen diese Küken in Strohkörbchen aus.

— Steinhasen —

Zu diesem Zweck sammelten wir als Kinder schon frühzeitig helle, glatte und möglichst ovale Steine am Seeufer. Diese Bastelarbeit gehörte ganz uns, da brauchten wir keine Hilfe und mussten auch nicht zu sehr auf Kleider oder Möbel achtgeben.

1 Zunächst wurden die Steine gut gewaschen und in der Sonne getrocknet, was ungeduldigen Kindern zwar als eine Ewigkeit erscheint, tatsächlich aber gar nicht lange dauert.

2 Dann wurden aus braunem Tonpapier lange Ohren ausgeschnitten – die einfachste Sache der Welt! Diese wurden dann hinten am Stein angeklebt.

3 Nun malten wir mit weißer Deckfarbe aus dem Schulmalkasten ein Oval auf das Hasengesicht und darauf wiederum eine dicke Knollennase, diesmal mit schwarzer Farbe. Schnurrhaare, Augen mit weißen Lichtern drin und ein freundlich lachendes Mäulchen vervollständigten das Hasengesicht.

Mit den Steinhasen schmückten wir Fensterbretter und Anrichten. Darüber hinaus konnte man sie gut verschenken. Schließlich wollten wir auch nicht mit leeren Händen dastehen, wenn die Patentanten uns ihre filigranen Eierkunstwerke überreichten.

— Ein Osterkörbchen aus Salzteig —

Die Zubereitung des Salzteigs geschieht folgendermaßen: Man siebe zwei Becher Mehl in eine Schüssel und vermische es mit einer Tasse feinkörnigem Salz. Dann gibt man langsam eine halbe bis zu einer Tasse Wasser und 1 $^1/_2$ Teelöffel Glyzerinöl hinzu. Ist der Teig zu trocken, muss ihm noch etwas Wasser beigefügt werden. Der Teig muss weich genug sein, um geformt zu werden, und stabil genug, um die Form zu behalten. Bleibt er an den Händen kleben, benötigt man zusätzlich Mehl. Diesen Teig lange kneten; je geschmeidiger er ist, umso besser. Dann muss er abgedeckt eine halbe Stunde ruhen, nicht länger. Der Teig sollte direkt auf dem Backblech, auf dem er später auch gebacken wird, modelliert werden.

1 Nun zum Körbchen: Der untere Teil des Körbchens wird aus einer Hälfte des Teigs, der 13 Millimeter dick ausgerollt wurde, ausgeschnitten. Das Teigstück wird auf das Backblech gelegt. Mit einer Gabel ziehe man längs und quer Rillen in den Teig, um ein Flechtmuster anzudeuten.

2 Dann müssen zwei dicke Teigrollen von je 15 Zentimeter Länge geformt und zu einer Kordel zusammengedreht werden. Die Nahtstellen werden mit etwas Wasser bepinselt und die Kordel wird am unteren Rand des Korbes festgedrückt.

3 Für den Henkel dreht man zwei 13 Millimeter dicke und 45 Zentimeter lange Teigrollen zusammen. Auch seine beiden Enden mit wenig Wasser bestreichen und jeweils am oberen Rand des Körbchens festdrücken.

4 Nun müssen 20 kleine und 30 etwas größere Blätter geformt werden. Diese Blätter sollten in fünf Gruppen auf dem Korb arrangiert werden. Dabei liegen die kleineren Blätter auf den größeren.

5 Für die Blüten rollt man etwa 30 Teigkugeln von 13 Millimeter Durchmesser aus und drückt diese flach. Die Kanten werden mit einem Zahnstocher eingekerbt. In die Mitte wird ein Loch gestochen. Dann werden die Blüten auf jede der fünf Blattgruppen verteilt und aufgedrückt.

6 Am Schluss schiebt man eine große Büroklammer als Aufhänger in die obere Mitte des Korbes. Fertig zum Backen!

7 Man muss mit einer Stunde Backzeit pro sechs Millimeter Höhe rechnen, und zwar bei 100–120 °C bzw. Gas Stufe 1–2. Der Salzteig ist gar, wenn seine Oberfläche angebräunt ist und sich leicht lösen lässt. Klingt er beim Anklopfen noch dumpf oder klebt noch am Blech, muss man ihn nochmals in den Ofen schieben. Der fertige Salzteigkorb kann nun bemalt werden.

Tipp Das Bemalen kann mit allen Arten von Farbe erfolgen. Bei uns benutzte man den einfachen Schulmalkasten dazu, heute kann man aber im Bastelgeschäft besondere Farben erstehen.

Bleibt der Korb unbemalt, so verleiht man ihm mittels Bestreichen mit Eigelb einen schönen Glanz. Ganz zarte Farbnuancen erhält man auch, wenn man schon beim Ansetzen das Wasser durch Kaffee oder schwarzen Tee (ergibt eine bräunliche Farbe), Hagebutten- oder Malventee (rötlicher Farbton) oder Pfefferminztee (grünlich) ersetzt. Hier ist nur besonders darauf zu achten, dass der Teig gut austrocknet, die Schimmelgefahr ist nämlich höher.

— Gebildgebäck —

Für den Mürbeteig gilt die folgende Rezeptur: 450 Gramm Mehl, 280 Gramm Butter, 180 Gramm Zucker und zwei Eier. Für den Zuckerguss: Drei Esslöffel Puderzucker und einen Esslöffel Zitronensaft mit einem Kaffeelöffel mischen.

1 Die Zubereitung des Teigs geht wie folgt: Das Mehl auf die Arbeitsfläche sieben. In die Mitte eine Vertiefung drücken und die Eier hineingeben. Den Zucker und die Butter auf dem Mehlrand verteilen und alles zu einem glatten Teig kneten. Mindestens eine Stunde im Kühlschrank ruhen lassen; dafür den Teig in ein feuchtes Tuch oder Alufolie schlagen.

2 Einfache Teigfiguren wie Herzen, Hennen oder Hasen stellt man so her: Backpapier entsprechend der gewünschten Figurengröße auf die Arbeitsfläche legen. Den Teig fünf Millimeter dick ausrollen und die Motive, zum Beispiel den Körper eines hoppelnden Hasen, mit einem spitzen Messer ausstechen. Kleinere Körperteile wie Ohren, Beine und das Schwänzchen anschließend extra zuschneiden.

3 Die Nahtstellen der einzelnen Glieder mit verquirltem Eigelb bestreichen. Alle Teile entsprechend den Motivvorlagen auf den Körper legen und andrücken. Die Augen werden aus Rosinen gemacht.

4 Teig, der außerhalb der Figur liegt, wird vorsichtig entfernt und beiseite gelegt. Wenn der Teig mit der Zeit klebrig wird, so wickelt man ihn wieder in ein Tuch oder in Alufolie ein und stellt ihn eine halbe Stunde kühl. Für jede Figur sollte der Teig erneut ausgerollt werden.

5 Nun den Backofen auf 200 °C vorheizen und anschließend auf 175 °C zurückschalten. Auf der zweiten Schiebeleiste von unten 20 Minuten backen. Den Hasen auf einem Gitterrost abkühlen lassen. Zuckerguss zubereiten und ihn damit verzieren. Diese Figuren muss man sehr vorsichtig behandeln, da sie leicht zerbrechen.

— Kreuz aus Pfeifenputzern und Holzperlen —

Dieses Kreuz ist ein schöner Schmuck und auch als Geschenk geeignet. Man kann es mit einigen Blüten oder einen Sträußchen Buchsbaumzweige schmücken, und es gelingt auch schon Kindern ganz leicht. Man braucht dazu für ein Kreuz zwei Pfeifenputzer und 15 Holzperlen mit gebohrtem Loch.

1 Ein Pfeifenputzer wird in der Originallänge von 25 Zentimetern verwendet, der zweite auf etwa 17 Zentimeter Länge gekürzt.

2 Die beiden Pfeifenputzer werden in Kreuzform aufeinandergelegt und miteinander verdreht. So entsteht der Mittelpunkt des Kreuzes.

3 Dann werden die Holzperlen aufgefädelt. Wir fangen von oben senkrecht an, fädeln drei Perlen auf und biegen dann das Pfeifenputzerende auf. Dann wiederholen wir den Vorgang mit jeweils drei Perlen von links und rechts. Unten haben sechs Perlen Platz. Am Schluss wird immer das Ende des Pfeifenputzers umgebogen.

— Brigittes Osterlämmchen —

An Ostern kam meist unsere Cousine Brigitte zu Besuch. Sie konnte wunderbare Eierwärmer aus Filz basteln, die wie Osterlämmchen aussahen. Unsere waren wollweiß, aber bunte Schäfchen sind auch sehr hübsch.

1 Für den Umhang nahm Brigitte einen flachen Teller aus Filz, der einen Durchmesser von 18 Zentimetern hatte. Sie setzte ihn auf ein Filzstück, zog mit einem Bleistift einen Halbkreis und schnitt ihn aus. Dann formte sie daraus eine Tüte, indem sie die beiden seitlichen Drittel übereinanderschlug. Das rechte, oben liegende Drittel zog sie etwas nach oben, sodass es schräg über dem unteren lag. Dann verklebte sie die innere Mantelkante.

2 Für den Kopf schnitten wir eine Form aus, einem länglichen Brot ähnlich, die mit einer gestrichelten Bleistiftlinie halbiert wurde. Für die Ohren schnitt man zwei blattförmige Stücke aus, die in der Mitte etwas eingeschnitten wurden. Dann wurde die Kopfform auf einer Seite mit Klebstoff bestrichen und die Ohren entlang der Strichlinie auf die Mitte gelegt. Die Ohren wurden etwas nach unten gezogen und an den Einschnitten zu kleinen Falten gedrückt, sodass die Ränder sich aufrollten. Dann wurde das obere Kopfteil nach unten geklappt und zusammengeklebt.

3 Jetzt durften wir Augen und Schnauze aufmalen, und dann befestigte Brigitte den Kopf am Umhang. Für das Fell schnitten wir von weißer Wolle zwei Meter ab, legten das Stück doppelt und machten alle zwei Zentimeter lockere Knoten. Dieser Strang wurde um den Hals des Schäfchens gewickelt und am Ende verknotet. Am Schluss wurde noch mit einer dicken Sticknadel ein Wollstrang von etwa 40 Zentimetern in vielen kleinen Schlingen an der Stirn und zwischen den Ohren durch den Filz gezogen.

Bunte Ostersträuße

Sie denken, es sei ein Leichtes, Frühlingsblumen in einer Vase zu arrangieren? Seien Sie gewiss, dass sich mit einigen Hilfsmitteln noch wesentlich geschmackvollere Ergebnisse erzielen lassen, als wenn man einfach einen fest gebundenen Blumenstrauß, stranguliert von einer Spitzenmanschette, in ein Behältnis voll Wasser stellt. Meine Tante Lore hat mir einige ihrer »blumigen Geheimnisse« verraten:
Zum Befestigen verwenden Sie Drahtnetz von der Rolle, am besten in verschiedenen Maschengrößen. Es ist in jedem Eisenwarengeschäft erhältlich und wesentlich günstiger als fertige Blumenhalter. Wir benutzten es ohnehin für den Hühnerstall, und Lore hat es sehr effektiv zweckentfremdet: Dieses biegsame, möglichst verzinnte (nichtrostende!) Drahtgeflecht ist der beste Blumenhalter!

Für viele Ostersträuße benötigt man Blumenhalter. Seit einigen Jahren gibt es diese aus durchsichtigem Kunststoff. Sie haben an der Unterseite einen kräftigen, weißen Gummi-Ansauger. Fragen Sie in ihrem Blumengeschäft danach.

Sie drücken das entsprechende Stück einfach etwas zusammen und stecken es in die Vase oder Schale, wobei die angeschnittenen Enden der Verletzungsgefahr wegen vorher unbedingt nach innen umgebogen werden sollten. Um aber zu vermeiden, dass dieses Drahtnetzknäuel auf den Boden einer hohen Vase fällt, wo es uns zum Arrangieren der Blumen nichts mehr nützt genügt es, ein Endchen aufzubiegen und es außen um den Gefäßrand zu legen. Wählen Sie dafür möglichst eine verborgene Stelle oder verdecken

Sie den Draht mit einem Blatt. In diesem nach allen Richtungen biegsamen Geflecht ordnen Sie nun Ihre Blumen.

Dann brauchen Sie nur noch gut schneidendes Werkzeug: ein scharfes Messer oder eine scharfe Schere. Vielleicht ein paar schönfarbige Steine und Federn!

— Spieglein, Spieglein ... —

In eine flache Schale aus Kupfer oder niedrige Schüssel (aber nicht zu niedrig, sie sollte genügend Wasser fassen können) wird ein Blumenhalter aus Drahtgeflecht gelegt. Nun ordnet man ganz frisch geschnittene Stiefmütterchen wie folgt an:

1 Die dunklen, purpurfarbenen werden in die Mitte gesteckt, dann mit den hellsten gelben Blüten fortfahren. Dies soll in immer dunkleren Schattierungen erfolgen, bis der äußerste Rand das gleiche samtige Purpurrot oder Tiefdunkelblau erreicht wie das »Auge« in der Mitte.

2 Dann legt man eine Spiegelscheibe unter die Schale und lässt einige der äußeren Stiefmütterchen zu Boden sehen. Die gespiegelten Blütengesichtchen bieten noch einen zusätzlichen Reiz. Mit einem Blumenkännchen fülle man nun vorsichtig Wasser in die Schale. Und damit man lange etwas von diesem Arrangement hat, muss man das Wasser täglich wechseln!

Österlich und kulinarisch

Vom Ei zum Osterlamm – österliche Speisen

Der Fasching war sehr lustig, und am Aschermittwoch ist, wie es so schön heißt, alles vorbei. Dann nämlich beginnt nach christlicher Tradition die vierzigtägige Vorbereitung auf das Osterfest, die Fastenzeit.

Fastenspeisen

Die Einhaltung der Fastenzeit findet heutzutage wieder verstärkten Anklang, mögen die Motive dafür auch ganz verschiedene sein. Der eine will sich der Gesundheit wegen einschränken, der andere hat religiöse Gründe. Der dritte will sich vielleicht einfach den Überfluss, in dem wir leben, vor Augen führen, denn »dann freut man sich wieder an dem, was einem der Herrgott geschenkt hat«, wie meine Großmutter mit einem weisen Lächeln zu sagen pflegte. Freilich kam es ihren Ehemann hart an, auf seine geliebte Pfeife und den röschen Schweinebraten mit mindestens vier Semmelknödeln zu verzichten. »Es ist ja nicht für lang«, brummte er und half uns Kindern beim Eierausblasen.

Aus diesem Anlass habe ich zuerst ein Gebäck nach altem Brauch und anschließend einige leichte Rezepte für die Fastenzeit zusammengestellt; dann ist die Vorfreude aufs Osterlamm mit grünen Bohnen und Kartoffeln umso größer. Gesundheit und Wohlbefinden werden es danken!

— Die Fastenbrezel —

Dieses gute, schmackhafte Hefegebäck gehörte zu den Dingen, auf die man sich bei uns daheim schon während der Fastenzeit in allen Familien sicher freuen konnte. So hat meine Großmutter sie seinerzeit gemacht:

1 Man braucht ein Pfund doppelgriffiges Mehl, einen Würfel Hefe, vier Esslöffel Zucker, ein Packerl Vanillezucker, einen gestrichenen Teelöffel Salz, einen Viertelliter lauwarme Milch, vier Esslöffel gutes Speiseöl, zwei Eigelb, Hagelzucker zum Bestreuen, ein Eigelb extra zum Bestreichen der Brezeln und Backpapier.

2 Man gieße Mehl in eine Schüssel und drücke in die Mitte eine Mulde. Etwas Hefe hineinbröckeln und, damit der Teig besser geht, ein wenig Zucker auf das Vorteigerl geben. Einen Achtelliter Milch in die Mulde geben und die Hefe darin auflösen. Immer ein wenig in der Mulde rühren und ein wenig Mehl vom Rand mitnehmen. Dann ein sauberes Tuch über die Schüssel breiten und den Vorteig zugedeckt an einem warmen Ort gehen lassen. Nach einer Viertelstunde sollte er schön aufgegangen sein.

3 Das Salz auf dem Mehlrand verteilen, das Eigelb und den übrigen Zucker dazugeben. Milch und Öl hinein und alles zusammen gründlich vermengen. Den Teig so lange kneten, bis er sich vom Schüsselboden löst. Mit dem Tuch wieder zudecken und eine halbe Stunde gehen lassen, bis er beinahe doppelt so groß geworden ist.

4 Dann den Teig noch einmal ganz fest durchkneten. Will man kleine Brezeln backen, so teile man den Teig in zehn oder zwölf gleich große Stücke. Mit den Händen auf dem bemehlten Tisch lange Rollen formen, die zum Ende hin ein wenig dünner werden dürfen. Aus den Teigrollen schöne Brezeln schlingen.

5 Will man aber nur eine besonders schöne, große Brezel haben, so forme man, nachdem man den Teigkloß in zwei gleich große Stücke geteilt hat, zwei ziemlich lange (120–150 Zentimeter) Rollen, die wiederum am Ende dünner werden. Beide Rollen wie bei einer Spirale umeinander drehen, zuerst von der Mitte aus die eine, dann die andere Seite. Dann legt man den gewundenen Teigstrang zur Brezelform.

6 Die Teigbrezeln noch einmal eine halbe Stunde gehen lassen, so werden sie schön locker und bekömmlich! Das Eigelb in einer Tasse verquirlen und mit ein wenig Milch verdünnen. Mit einem Pinsel die Brezel mit dem Eigelb säuberlich bestreichen und erst ganz zum Schluss den Hagelzucker aufstreuen. Den Herd vorheizen (175 °C) und die kleinen Brezeln bloß 20–25 Minuten, die große Prachtbrezel eine gute halbe Stunde im Ofen backen.

Zum Frühstück

Auf nüchternen Magen ein Schüsselchen frisches, klein geschnittenes Obst ist ein Garant für gute Laune und augenblickliche Frische. Am besten, man isst nichts hinterher. Tut man sich damit schwer, so esse man hernach eine Scheibe Vollkornbrot ganz langsam und bedächtig. Ob Äpfel, Birnen oder Früchte aller Art, wie sie heute zu allen Jahreszeiten zu haben sind – es gibt nichts Besseres für Haut und Figur! Wenn möglich, sollte das Obst schön bunt sein, denn Farben regen die Magensäfte an und erfreuen jedes Auge. Also: Kiwigrün, erdbeerrot und pfirsichrosa soll das Frühstück sein! Dazu eine Tasse Kräutertee oder schwarzer Tee.

— Süßes Frühstück —

Der Vorteil bei einem solchen Frühstück ist, dass es sehr gut sättigt und lange vorhält. Dazu eine Tasse Hagebutten- oder Pfefferminztee.

Für ein Schüsselchen süßes, warmes Haferflockenmus mit Obst und Zimt: Milch aufsetzen, Haferflocken, ein Stückchen unbehandelte Zitronenschale und einen Stich Butter dazufügen. Warten, bis der Brei dick ist. Auf klein geschnittenes Obst gießen und etwas Honig und Zimt darüber geben.

Wenn Sie kein frisches Obst im Haus haben, schmeckt ein Müsli auch ganz köstlich mit Trockenobst: Pflaumen, Aprikosen, Äpfel.

— Herzhaftes Frühstück —

Für die Leute, die es morgens lieber ein bisschen deftig haben, gibt es eine Scheibe Vollkornbrot mit leckerem Paprika-Kräuterquark und ein wachsweiches Ei.

Oder ein verlorenes Ei: In einem flachen Topf einen Liter Wasser zum Kochen bringen, einen Teelöffel Salz und Apfelessig dazugeben. Jedes Ei einzeln in einen Schöpflöffel schlagen und genau über der sprudelnden Oberfläche ins Wasser gleiten lassen. Drei Minuten warten und dann Ei für Ei ganz vorsichtig herausnehmen.

Leichte Mittagskost

In der Fastenzeit soll der Mensch nicht zu schwer essen. Freilich muss man nicht unbedingt so streng sein wie die Menschen früher. Aber es tut schon gut, sich ein bisserl zusammenzureißen und die paar Wochen nicht zu üppig und zu fett zu schmausen. Dazu ist an den Feiertagen ja noch genügend Gelegenheit!

— Bunter Salat mit warmen Pilzen —

Das allerbeste Rezept, wenn man großen Hunger hat, den Gürtel aber ein wenig enger schnallen sollte, wenn man müde und abgespannt ist und das Gehirn dringend ein wenig Erfrischung braucht.

1 Man nehme für zwei Personen einen halben Kopf grünen Salat, vier große Radieschen, eine Tomate, eine halbe Gurke, eine grüne oder gelbe Paprika. Eine halbe Zwiebel ganz fein schneiden und eine halbe Zehe Knoblauch ganz fein mit einer Gabel in etwas Salz zerdrücken oder durch die Knoblauchpresse quetschen.

2 Den Salat waschen und in eine große Schüssel zupfen, Radieschen, Tomate, Paprika hineinschneiden, die Gurke fein hobeln und mit etwas Salz bestreuen. Die Salatsauce mischt man aus zwei Esslöffeln feinem Apfelessig (der je nach Geschmack mit verschiedenen Kräutern angesetzt werden kann), einem Esslöffel gutem Speiseöl, Zucker, Senf, Pfeffer und Salz und ein wenig Wasser. Sie sollte ganz zurückhaltend sein und nicht vorschmecken.

3 Anschließend etwa 300 Gramm frische Champignons abziehen oder fleischige Austernpilze mit einem Küchentuch gut abreiben. Die andere Zwiebelhälfte fein hacken und die geschnittenen Pilze in etwas Butter oder Öl scharf anbraten. Um die Verdauung zu fördern, gebe man einen Hauch Chilipfeffer darüber. Dann mit etwas Wasser oder Gemüsebrühe aufgießen, einkochen lassen, mit einer Prise Zucker, Salz und Pfeffer mild würzen und mit etwas Milch oder Sahne den Geschmack verfeinern.

4 Die Salatsauce über den hübsch angerichteten Salat geben, auf zwei Tellern servieren und sofort die noch heißen Pilze mit etwas Sauce darübergeben. Das ist ein sättigendes Mittag- wie auch Abendessen und gibt neue Kraft!

— Florentiner Eier —

Dazu benötigen wir ein Pfund frischen oder ein Paket tiefgefrorenen Spinat, vier gebutterte Weißbrotscheiben, acht Eier, Salz, Pfeffer und etwas geriebenen Parmesan oder einen anderen Reibkäse.

1 Der Spinat wird verlesen und gewaschen. Dann ein Zwiebelchen fein schneiden, in etwas Butter anbraten und den Spinat darin zusammenfallen bzw. auftauen lassen. Mit etwas Pfeffer, Salz und einem Strich Muskatnuss würzen und dann je nach Belieben fein hacken. Die gebutterten Weißbrotscheiben werden mit dem Spinat bedeckt.

2 Zwischendurch die Eier »pochieren«, das heißt, acht verlorene Eier machen, wie beim Frühstück beschrieben. Auf jeden Toast kommen zwei verlorene Eier, darüber einige frische Kräuter und ein Scheibchen Tomate. Mit dem Reibkäse bestreuen und in die heiße Röhre schieben, bis der Käse geschmolzen ist.

Tipp Dazu passt gut ein Tomatensalat oder ein grüner Salat mit vielen frischen Kräutern aus dem Garten.

— Hähnchen mit Reis —

Wer in der Fastenzeit nicht ganz aufs Fleisch verzichten will, ist mit dem leichten Hähnchen gut beraten.

1 Ein halbes gebratenes Hähnchen abhäuten, das Fleisch ablösen und fein schneiden. Eine halbe Zwiebel ganz fein wiegen, ebenso eine halbe Zehe Knoblauch. In etwas Butter oder Öl scharf anbraten, eine halbe Paprika hineinschneiden, ebenso einen halben jungen Zucchino. Das Gemüse nur so lange mitschmoren lassen, als es noch einen kräftigen Biss hat! Mit Brühe, Milch oder ein wenig Sahne aufgießen und frische Petersilie darübergeben. Dann das Pfännchen beiseite stellen.

2 Eine Tasse Reis mit Salz in zweieinhalb Tassen Wasser kochen, auch der muss noch einen guten Biss haben. Abgießen, ein winziges Stückchen Butter hinein und mit dem Huhn und dem Gemüse vermengen. Sofort auf zwei Tellern servieren und einen frischen Gurkensalat mit reichlich Dill und Maggikraut dazu reichen.

— Gemüseteigtaschen —

Da hat sich die Großmutter noch viel Arbeit machen müssen, denn es gab ja noch nicht, wie heute, tiefgefrorenen Blätterteig. Immer wieder rollte sie den Teig aus, legte ihn übereinander und arbeitete die frische Landbutter ein. Dennoch tat sie das gern, denn die Teigtascherln, die sich ganz vorzüglich zur leckeren Resteverwertung eigneten, schmeckten halt gar so gut. Noch heute schmecke ich ihren würzigen Geschmack auf der Zunge. Sogar der Großvater, der sonst nichts lieber hatte als ein kräftiges Stück Schweinernes, lobte die Teigtaschen, die warm oder kalt gegessen werden können.

1 Vier Scheiben Blätterteig auf ein Backblech geben und auftauen lassen. Derweil entweder das Gemüse vom Vortag oder frisches Gemüse klein schneiden, kurz mit Zwiebel und Knoblauch in etwas Öl anbraten und im zugedeckten Topf weich garen, mit Salz, Pfeffer, einer kleinen Prise Zucker und Kräutern gut würzen. Dafür eignen sich zum Beispiel Champignons mit Tomaten, Zucchini und Tomaten oder rote Bohnen mit Kartoffeln und Möhren.

2 Danach das Gemüse auf die Teigplatten legen, etwas Reibkäse darübergeben. Sodann mit vier weiteren Teigplatten zudecken, die Ränder fest verstreichen und mit etwas Eigelb bepinseln. Dann ab in den Ofen und backen, bis der Blätterteig recht schön aufgegangen ist.

Tipp Dazu passt ein bunter Salat. Sollte man gerade keinen Appetit auf eine reine Gemüsefüllung haben, so kann man auch ein wenig Hähnchenbrust in die Teigtaschen geben.

— Warmer Nudelsalat —

Freilich, manchmal muss es ganz schnell gehen, gerade in der Zeit der Festtage. Der warme Nudelsalat ist ein leichtes Mittag- oder Abendessen, das dennoch gut sättigt.

1 Und so wird der Nudelsalat zubereitet: Man koche 300 Gramm Nudeln. In der Zwischenzeit wiege man frische Kräuter, hacke Zwiebeln und Knoblauch. Eine Tomate, eine grüne Paprika und rohe Champignons klein schneiden. Ganz besonders gut dazu schmeckt ein hart gekochtes Ei.

2 Die bissfest gekochten Nudeln abgießen, mit den Zutaten vermengen und wie einen guten Salat anrichten, mit Apfelessig, Senf, Öl, Pfeffer und Salz.

3 Vor dem Servieren noch ein wenig mit frischen Kräutern bestreuen und durchziehen lassen. Dazu kann man geröstetes Weißbrot reichen.

Dieser Nudelsalat schmeckt warm besonders gut, und es ist besonders praktisch, dass man nicht erst die Nudeln abkühlen lassen muss, wenn es schnell gehen soll. Er kann aber auch kalt gegessen werden. Wohl möglich, dass die Familie ihn dann auch außerhalb der Osterzeit gern einmal genießen möchte, zum Beispiel zu einem sommerlichen Picknick unter Apfelbäumen …

— Scharfe Kartoffelsuppe —

Ein ganz besonderes Gericht zur Osterzeit war Großmutters Kartoffelsuppe. Sie wärmt an kühlen Tagen und schmeckt der ganzen Familie. Außerdem kann man sie gut vorbereiten.

1 Drei große Kartoffeln waschen, schälen und in kleine Schnitze schneiden. In etwas Öl mit einer fein gehackten Zwiebel anbraten und mit Wasser aufgießen. Eine große Möhre wie auch eine halbe Stange Lauch fein schneiden und dazugeben. Mit Kümmel, Pfeffer und Salz und eventuell auch mit einer winzigen Prise Zucker würzen.

2 Wenn das Gemüse weich ist, mit einem Rührstab fein pürieren. Mit Brühe und ein wenig Milch aufgießen und einen Teelöffel Curry dazugeben.

Tipp Die Suppe ist nahrhaft und stärkend, besonders in der mitunter nassen Frühlingszeit.

Kartoffelsuppe ist immer beliebt, wenn ein schnelles und auch noch preisgünstiges Essen auf den Tisch kommen soll. Außerhalb der fleischlosen Zeit gab unsere Großmutter gern ein wenig knusprig gebratenen Speck dazu, den sie abgekühlt auf die Suppe bröselte. Und natürlich kann man alle möglichen Würste zu der Kartoffelsuppe servieren, von der heiß geliebten Fleischwurst im Ring bis hin zur kräftigen Mettwurst.

Leckeres zum Palmsonntag

Der Palmsonntag ist der Auftakt zur vorösterlichen Karwoche und soll an den Einzug des Herrn Jesus in Jerusalem erinnern. Auch heute noch gibt es ja die schöne Sitte, Palmzweige in der Kirche zu weihen. Und was ein Palmesel ist, ist ja zu gegebener Zeit bereits verraten worden. Sicher ist: Der größte Langschläfer muss sich beeilen, dass er zum schönen Palmsonntagsfrühstück zurecht kommt!

— Palmsonntagsomelett —

Was ist ein Omelett? Ganz einfach, ein in einer glühend heißen Pfanne zubereitetes Rührei. Am allerbesten nimmt man eine schwere, gusseiserne Pfanne, die nach dem Gebrauch bloß mit einer Speckschwarte ausgerieben wird; noch meine Mutter hat darauf geschworen, dass auf diese Pfanne niemals ein einziges Tröpfchen Wasser fallen darf! Sodann braucht man Fingerspitzengefühl und Übung.

1 Für ein Omelett braucht man drei Eier, 15 Gramm Butter, eine Messerspitze Salz und eine Prise Pfeffer oder, falls es süß sein soll, 15 Gramm Zucker. Die Pfanne wird stark erhitzt, Butter oder Fett hinein, und wenn es rauchend heiß ist, die Eiermasse dazugegossen. Nun heißt es rütteln, immer wieder fest rütteln, von dem Moment an, wenn die locker geschlagenen Eier sich ohne jede Zutat in die heiße Butter ergießen.

2 Wenn man glauben darf, dass die Unterseite zart gebräunt ist, hebt man die Pfanne mit dem Stiel etwas an, sodass das Omelett fast über den Rand gleitet. Just in dem Moment zur Hälfte zusammenschlagen und auf einen vorgewärmten Teller geben. Nun kann man mit allerhand Füllungen aufwarten: Schinken und

Champignons, Kräuter, Käse oder aber nach Prälatenart. So aß nämlich der hiesige Pfarrer Engelhart genüsslich und behäbig sein Palmsonntagsfrühstück.

Varianten

Omelett nach Prälatenart Krebsschwänzchen und Krabben, Langusten oder Scampi mit ein paar kleinen, frischen Champignons in etwas Fischfond dämpfen. Ein bisserl Zitronensaft hinzufügen und schließlich mit in Rahm gequirlten Eidottern binden. Wenn es fertig gebacken ist, ein paar Butterflöckchen hinzufügen.

Omelett Lothringer Art Dem Grundteig 30 Gramm fein geschnittenen und kurz angebratenen Speck und 25 Gramm ganz hauchfein geschnittenen Schweizer Käse, Schnittlauch und einen Esslöffel Rahm hinzufügen. Sodann goldgelb backen und flugs einem hungrigen Mannsbild auf den Teller!

— Das Schaumomelett —

Auch die kleinen Naschkatzen dürfen nicht zu kurz kommen! Sie bekommen eine Omelette Soufflée, ein Schaumomelett. Dazu benötigt man pro Person zwei Eier, für vier hungrige Leckermäuler also acht Eier, 100 Gramm Zucker, eine Prise Salz, Butter und Puderzucker.

1 Den Zucker und die Eidotter gut vermengen, das Eiweiß mit einer Prise Salz zu einem festen Eischnee schlagen und unter die Dottermasse ziehen. Dann flugs damit in die heiße Pfanne und goldgelb braten.

2 Und jetzt die köstliche Füllung! Pfirsichkompott, frische, gezuckerte Erd- oder Himbeeren (um diese Jahreszeit tiefgefroren) oder aber selbstgemachte Zwetschgenmarmelade mit Rum sind besonders gut.

3 Die Früchte oder das Kompott auf das Schaumomelett geben, mit Zucker bestreuen, zusammenlegen und einen Hauch Puderzucker darüberstäuben.

Tipp Für die Erwachsenen kann man diese himmlische Speise auch mit ein wenig hochprozentigem Rum übergießen und, sobald sie auf den Tisch kommt, feierlich anzünden!

> Eine Omelette Soufflée kann man nicht vorbereiten, denn sie muss sofort, ganz duftig und frisch, aus der Pfanne auf den Teller. Damit das Schaumomelett so recht aufgebläht und schaumig bleibt, soll die Bratpfanne eine halbe Minute lang zugedeckt werden, oder aber die Pfanne wandert ganz kurz in den Ofen mit Oberhitze.

— Zitronenauflauf —

Dieser leckere Auflauf ist einfach und schnell mit wenigen Zutaten zubereitet. Man nehme dazu sechs Eier, 150 Gramm Staubzucker, eine Zitrone, eine Prise Salz sowie einen Esslöffel Semmelbrösel oder Weizenmehl.

1 Das Eigelb mit dem gesiebten Zucker schön schaumig rühren. Sodann den Saft und die Schale einer abgeriebenen Zitrone beifügen.

2 Das Eiweiß mit einer Prise Salz sehr steif schlagen, die Semmelbrösel oder das Mehl leicht unter die Masse ziehen. In eine ausgebutterte Form geben und langsam goldgelb backen. Mit Zucker überstreuen und sofort verzehren.

Tipp Heutzutage muss man gut darauf achten, dass die Südfrucht nicht gespritzt und ihre Schale nicht mit Wachs behandelt ist.

Diese leckeren Palmsonntagsspeisen schmecken jung und alt umso besser, je schöner auch der Tisch in der Stube gedeckt ist. Ein mit gelbem Blütenstaub überhauchter Palmkätzchenstrauß, von eigener Hand auf dem nachmittäglichen Spaziergang geschnitten, darf nicht fehlen. Ist er doch der Vorbote des Frühlings und des Osterfestes!

Fastentage in der Karwoche

Vor Gründonnerstag wurden mit wohlmeinender Strenge in unserer Familie stets zwei Fasttage empfohlen, die auch alle Erwachsenen tapfer durchhielten.
Die Kleinen freilich mussten nicht aufs Essen verzichten, und so mancher Onkel blickte traurig auf das schwere, dunkle Bauernbrot mit Butter in der Kinderhand ... Aber sie schickten sich alle in die Fasttage, denn die Großmutter überzeugte wortreich noch jede zweifelnde Seele, wie gesund das sei. »Für Hirn und Herz!«, machte die rüstige, patente Frau ihrer Verwandtschaft die Sache schmackhaft.

Kurz gefastet mit Tee und Brühe

Den ganzen Tag über nehme man nur reichlich Kräutertee und Wasser zu sich. Wer es gar nicht aushalten mag, der trinke am ersten Tag auch noch heiße Gemüsebrühe, die aber kaum Salz

enthalten soll. Dazu ein langer Spaziergang an der frischen Luft, soweit es die Pflichten eben erlauben. Es ist ja ohnehin anzuraten, diese Fastentage auf Samstag und Sonntag zu verlegen, wenn man nicht so schwer arbeiten muss! Die gute Waldluft macht müde, sodass man auch einschlafen kann, wenn der Magen ein bisschen knurrt. Abends wieder Kräutertee oder Gemüsebrühe zu sich nehmen, nichts weiter.
Zwei Tage lang »hält's ein Guter aus«, hieß es bei uns daheim, »und um einen Schlechten ist's nicht schad«. Der Effekt dieser

Fasttage spricht für sich: Der Geist wird reger, man wird wieder beweglich und hat spätestens am Montagmorgen wieder einen gesegneten Appetit. Aber, wie gesagt, immer Maß halten in der Fastenzeit, geschlemmt wird noch früh genug!

Gründonnerstagsspeisen

Das erste Grün lugt unter dem winterblassen Gras hervor, an den Zweigen der Birken bemerkt man schon mit Freuden die ersten winzigen Blättchen. Wie sehr sich der ganze Mensch nach dieser Farbe gesehnt hat, weiß man immer erst dann, wenn nach den frischen Schneeglöckchen auch die Bäume wieder zart lichtgrün werden. Schon in vorchristlicher Zeit, so heißt es, habe man am Gründonnerstag zu Ehren des Donnergottes Thor gerne grünes Gemüse, Kräuter und Salate gegessen. In der Karwoche isst man ja überhaupt fleischlos, deshalb habe ich hier einige ausschließlich grüne Schmankerl aufgeschrieben.

— Frühlingssalat aus Wildkräutern —

Das ist eine rechte Gaudi, wenn die Kinder ihren eigenen Salat auf der Wiese pflücken dürfen; außerdem lernen sie auf diese Weise gleich die heimischen Pflanzen kennen!

1 Man nehme ganz junge, frühjahrszarte Löwenzahnblätter, Brunnenkresse und, wenn die Sonne schon kräftig geschienen hat, die Blüten von Huflattich oder Schlüsselblumen, die süß und würzig zugleich schmecken. Auch ein paar zarte Gänseblümchen dürfen durchaus mit in den Salat.

2 Eine kleine Zwiebel und eine halbe Zehe Knoblauch fein wiegen, zwei Esslöffel Kräuterapfelessig und einen Esslöffel Öl mit etwas Wasser und Senf gut verrühren. Eine kleine Prise Zucker, Salz und Pfeffer nach Belieben – fertig ist der Wiesensalat! Dazu gibt es entweder geröstetes Weißbrot oder zuvor ein Süppchen. Oder beides, damit die Leckermäuler auch satt werden.

Tipp Was auch gut in solch einem Salat schmeckt, ist der herrliche Sauerampfer, junge Brennnesselblättchen oder die ersten Blätter und Triebe der Schafgarbe. Auch der filigrane Hirtentäschel gibt sein ganz eigenes Aroma dazu.

— Kerbelsuppe —

Man nehme zwei Hand voll frisch gewiegten Kerbel aus dem Kräuterbeet oder dem Kräutertöpfchen. Gerade vor Ostern bekommt man frischen Kerbel oft auch auf dem Markt, aber da kann er schon manchmal recht teuer sein.

1 In etwas Butter eine halbe, milde (weiße) Zwiebel glasig dünsten und den Kerbel dazugeben. Nach etwa drei Minuten Garzeit mit ein wenig Gemüsebrühe aufgießen, mit Salz, Pfeffer und einer kleinen Prise Zucker würzen – aber der Kerbelgeschmack soll nicht überwürzt werden.

2 Dann vorsichtig noch eine kleine Weile köcheln lassen, mit dem Pürierstab vollends fein pürieren, mit Brühe und etwas Sahne aufgießen.

Tipps
Zur Dekoration sieht ein wenig fein gewürfelte Tomate sehr lecker und appetitanregend aus.
Auch zur Suppe schmeckt mit Butter und Knoblauch geröstetes Weißbrot gut.

— Gefüllte Eier mit grüner Sauce —

Man nehme acht Eier, einen Esslöffel Sahne oder Mayonnaise, einen Teelöffel Kapern, eine kleine Tomate, Senf, Salz, Pfeffer und Schnittlauch. Für die grüne Sauce nehme man ein Bund Petersilie, ein Bund Schnittlauch, Kerbel, Estragon und weitere Kräuter ganz nach Belieben.

1 Die Eier hart kochen und unter kaltem Wasser gehörig abschrecken. Dann abschälen und, wenn sie gänzlich abgekühlt sind, halbieren. Das Eigelb herausnehmen, gut zerdrückt mit Sahne oder Mayonnaise, Senf, Salz, Pfeffer, der gewiegten Tomate, fein geschnittenem Schnittlauch und den würzigen Kapern vermischen und pikant abschmecken. Die Eigelbcreme in die Eihälften füllen und auf Salatblättern anrichten.

2 Für die grüne Sauce wiege man die Kräuter ganz fein, dünste sie in zerlassener Butter mit einer Schalotte und gieße mit etwas Gemüsebrühe auf. Sodann die Masse pürieren und so lange mit Flüssigkeit aufgießen, bis die Sauce richtig sämig ist. Mit Salz, Pfeffer und etwas Zucker würzen. Die Sauce ebenfalls mit einigen Stückchen Tomate hübsch dekorieren und mit den gefüllten Eiern servieren. Dazu auch geröstetes Weißbrot reichen.

Tipp Außerhalb der Fastenzeit kann man natürlich auch statt der Tomate Schinken fein schneiden und in die Masse geben. Sehr gut schmeckt auch ein wenig ganz fein geschnittene saure Gurke darin. Die gefüllten Eier werden immer gern gegessen, machen Sie ruhig ein paar mehr davon!

— Omelett mit Champignons und Kräutern —

In diesem Rezept ergänzt sich der würzige Geschmack von Champignons oder Egerlingen mit dem feinen Kräuteraroma.

Das Omelett vorbereiten wie auf Seite 90 beschrieben. Den frischen Champignons die Haut abziehen und die Pilze in hauchfeine Scheiben schneiden. Mit frisch gewiegten, gemischten Kräutern vermengen und die Masse würzen. Dann in den Omelettteig geben und in der gusseisernen Pfanne goldgelb ausbacken.

Tipp Dazu ein frischer, bunter Salat mit reichlich Kräutern.

— Besonderes Omelett mit Frühlingssalat —

Zuerst bereite man den Salat vor, zum Beispiel grüner Salat, eine Tomate, eine halbe Gurke, frische Kresse, Petersilie, Dill und Schnittlauch aus dem Frühbeet, zwei Bund Frühlingszwiebeln, drei Möhren und zwei hart gekochte Eier.

1 Den Salat waschen, trockenschleudern, zerteilen und auf vier Tellern anordnen. Die Frühlingszwiebelchen waschen und zwei davon in ganz schmale Ringe schneiden. Die restlichen Zwiebeln sind fürs Auge; sie werden zur Dekoration aufgehoben. Die Möhren fein raspeln, mit etwas Zitronensaft und einer Prise Zucker würzen. Die frischen Salatkräuter fein wiegen und den ebenfalls gewiegten Knoblauch mit den Zwiebelringen über die Salatblätter geben. Zwiebelstangen, Kräuter und Möhren auf dem Salatbett schön anordnen und mit den halbierten, hart gekochten Eiern verzieren.

2 Für die Salatsauce verrühre man nun gut drei Esslöffel Kräuterapfelessig, einen Esslöffel Zitronensaft, eine Prise Zucker, Salz und Pfeffer. Mit etwas Senf oder ein wenig Sahne verfeinern.

3 Nun wird die Füllung für das Omelett zubereitet. Zu diesem Zweck verrühre man milden Quark (heutzutage eignet sich der italienische Mascarpone ganz besonders für dieses Rezept) und ein Eigelb gut miteinander. Ein Bund Frühlingszwiebeln waschen und trockentupfen, in feine Ringe schneiden, mit einem Esslöffel fein zerzupftem Basilikum und zwei Esslöffeln Sahne unter die Creme heben und alles pikant mit Salz, Pfeffer und einem Hauch rotem Chilipulver abschmecken.

4 Schließlich nehme man acht Eier, sieben Esslöffel Rahm, eine Prise Salz, und Butter zum Ausbacken. Die Eier in der Sahne nicht zu heftig verkleppern, salzen. In der gusseisernen Pfanne die Butter erhitzen und nacheinander vier Omeletts drei Minuten lang goldgelb backen. Ab und zu mit einer Gabel einstechen, damit sie auch schön gar werden.

5 Zum Schluss die Füllung jeweils auf eine Hälfte der Omeletts geben und die andere Hälfte darüberklappen. Der Schmaus kann beginnen!

— Gemüsegulasch mit Spätzle —

Dieses Rezept stammt auch aus der Zeit, da Fleisch nicht jeden Tag auf den Tisch kam. Fleisch galt wirklich als etwas Besonderes bei uns daheim, aber deshalb mussten wir nicht auf eine köstliche Küche verzichten, ganz im Gegenteil! Das Gemüsegulasch, bei uns »Armer Mann« genannt, ist ein gutes Beispiel für die schmackhafte Küche ohne Fleisch. Es kann aus nur einem Gemüse bestehen, zum Beispiel Kartoffeln; Auge und Gaumen jedoch werden durch die Kombination der verschiedensten Gemüse und Kräuter je nach Jahreszeit noch mehr erfreut.

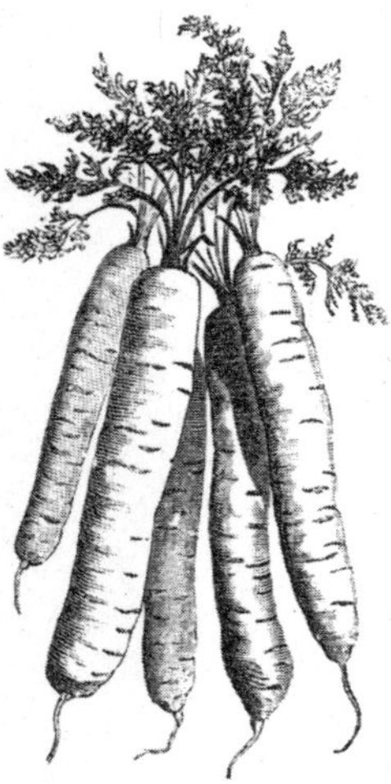

1 Man schäle und schneide Champignons, Paprika, Fenchel, Möhren, Lauch oder Sellerie und Kartoffeln in nicht allzu kleine Stücke. Dann nehme man reichlich Petersilie (getrocknet oder aus dem Garten), ebenso eine oder zwei große Zwiebeln sowie eine Knoblauchzehe und brate diese in Öl und Petersilie goldbraun an. Sodann das Gemüse hineingeben, kräftig anbraten und mit so viel Wasser oder Gemüsebrühe aufgießen, dass das Gemüse schön bedeckt ist.

2 Dann den guten scharfen Paprika darüber streuen – aber mit Vorsicht! Das Gulasch garen lassen, bis die Kartoffeln weich sind, der Vitamine wegen aber bitte nicht zu sehr zerkochen!

3 Um eine Mehlschwitze zu vermeiden, nimmt man in einer Tasse etwas von dem Gemüse heraus und püriert es fein mit zwei Esslöffeln Sahne oder Milch. Das verdickt das Gulasch, macht es gerade richtig sämig und verfeinert den Geschmack; und so hält es einen auch schlank!

4 Dann mit Salz, Pfeffer oder Kräutern abschmecken, ein wenig Kümmel kann auch nicht schaden. Das Gulasch schmeckt auch am nächsten Tag, deshalb gleich eine ordentliche Portion kochen; eine Suppe gibt's noch allemal! Die sparsamen Hausfrauen haben damals ja an alles gedacht.

Der Spätzleteig ist schnell gemacht! Man nehme pro Person ein bis zwei Eier, verquirle diese mit etwas Wasser, Salz und einer Prise Kümmel. Dann so viel Mehl hinzufügen, bis der Teig reißt, und über siedendem Wasser mit dem Spätzlehobel zu Werke gehen. Die Spätzle sind fertig, wenn sie nach oben schwimmen. Mit einem Seiher abschöpfen, in eine Auflaufform mit Butter geben und warm stellen, bis der Teig ganz verbraucht ist. Das Geschirr und den Hobel sofort danach mit kaltem Wasser spülen! Dazu mundet ein frischer Tomatensalat mit Zwiebeln.

Karfreitagsspeisen

Der Karfreitag steht schon seit alters her, auch was die Küche betrifft, ganz im Zeichen des Fisches. Denn der Fisch ist ja das Symbol unseres Herrn Jesus Christus, der an diesem Tag am Kreuz starb. Obschon die Stimmung an diesem Tage in unserem Hause eher gedämpft war und die ganze Familie der Leiden des Herrn gedachte, musste sie dennoch keineswegs darben. Zwei herrliche Fischrezepte, dem zerfledderten »Lindauer Kochbuch für guten bürgerlichen und feinen Tisch« entnommen, geschrieben 1860 und von der Urgroßmutter vererbt, sollen uns auch heute in den Karfreitag begleiten. Es ist nur darauf zu achten, dass man die Fische zuvor mariniert, will man sie an diesem Tag auf den gedeckten Tisch bringen.

— Marinierte Fische —

Heutzutage bekommt man frischen oder tiefgefrorenen Fisch das ganze Jahr über. Früher war es in vielen Regionen nicht so einfach, frischen Fisch zu kaufen, und die Konservierungsmethoden waren noch weniger raffiniert. Die Methode, Fische zu marinieren, ergibt aber auch heute noch ein wohlschmeckendes Essen.

1 Eine starke Hand voll Petersilie, zwei Lorbeerblätter, eine große Zwiebel, die fein gewiegte Schale einer halben Zitrone und eine Möhre, Letzteres alles in Scheiben geschnitten, wird mit einem halben Esslöffel weißen Pfefferkörnern, halb so viel ganzen Nelken, einem Teil guten Apfelessig und drei Teilen Wasser gekocht, und mit dem nötigen Salz gewürzt. Hierin siedet man die vorher geschuppten, ausgenommenen und ausgewaschenen Fische blau ab, und lässt sie auch in diesem Sud erkalten.

2 Wenn Letzterer völlig erkaltet ist, gießt man ganz feines Olivenöl darüber und kann auf diese Weise die eingelegten Fische dann acht bis vierzehn Tage an einem kühlen Ort aufbewahren. Ebenso werden die auf dem Rost oder auch die mit Butter in der Pfan-

Fische, welche man drei bis vier Monate aufzuheben beabsichtigt, werden, wenn sie wie obige hergerichtet und gebraten sind, in Fässchen gelegt. In diesem Falle kommen zwischen jede Lage Fisch Lorbeerblätter, Pfefferkörner, ganze Nelken und fein geschnittene Zitrone, über das Ganze aber wird guter, zuvor eine Viertelstunde gekochter und wieder erkalteter Weinessig gegossen, und zuletzt viel feines Öl. Das Fässchen muss ganz voll und gut zugespundet sein, und wird an einem kühlen Ort aufbewahrt.

ne gebratenen Fische mariniert. Man kocht nämlich den oben angezeigten Sud eine halbe Stunde durch, legt, nachdem er kalt geworden ist, die Fische darein, gießt feines Öl darüber und kann sie dann so lange wie obige an einem kühlen Ort aufbewahren.

Tipp Zu diesem köstlichen Rezept gab es bei uns knusprige Bratkartoffeln mit Zwiebeln und Kümmel und einen Gurkensalat.

— Schüsselfische —

Der Hecht eignet sich auch sehr gut zu diesem Gericht, wie der Karpfen, der Schellfisch, Zander oder Lachs.

1 Die Fische werden geschuppt, gereinigt, gewaschen und in drei Finger breite Stücke geschnitten. Kopf und Schwanz lässt man zurück.

2 Dann streicht man eine tiefe, feuerfeste Porzellanschale dick mit Butter aus, bestreut sie mit feinen Zwiebackkrumen, legt die Hechtstücke dicht nebeneinander darauf, streut Pfeffer, Salz, etwas geriebene Zwiebel und Muskatnuss darüber und verteilt Butterstückchen dazwischen.

3 Zuletzt gießt man 1/4 Liter starke Bouillon mit dem Saft 1/2 Zitrone daran, bedeckt die Schüssel und lässt den Hecht im Bratofen unter öfterem Begießen mit der Sauce 1/2 bis 3/4 Stunden schmoren. In der Schüssel angerichtet, serviert man ihn mit frischem Weißbrot.

Tipp Dazu gab es bei uns wiederum rösche Bratkartoffeln aus der Pfanne und eine große Schüssel Gurkensalat mit frischem Dill, dass auch ja alle satt wurden.

— Gebratene Heringe —

Frische Heringe sind zu Unrecht ein wenig aus der Mode gekommen. Dabei schmecken sie ganz wunderbar, wenn sie knusprig goldbraun direkt aus der Pfanne auf den Teller kommen. Freilich »duftet« die Küche nach dem Braten kräftig nach Fisch – aber wer für den Karsamstag ohnehin einen Hausputz geplant hat, wird das leicht verschmerzen. Sonst heißt es: kräftig lüften. Kurzum: Wer am seiner Familie am Karfreitag ein gutes Fischgericht servieren will, sollte hier zugreifen.

1 Für vier Personen braucht man acht frische (grüne) Heringe, ausgenommen jeder etwa 80 Gramm schwer. Die Heringsfilets werden kalt abgespült und trocken getupft.

2 Dann bestreicht man sie mit einem Esslöffel mittelscharfem Senf und würzt sie mit Salz und Pfeffer. Nach dem Würzen werden die Heringe paniert. Dazu werden drei Teller gebraucht, einer mit Mehl, einer mit verquirltem Ei und einer mit Semmelbröseln, die man kräftig mit frisch geriebener Muskatnuss würzt.

3 Zunächst erhitzt man aber in zwei Pfannen eine ordentliche Menge Öl. Die Heringe werden nacheinander durch das Mehl, das Ei und die Semmelbrösel gezogen, dann sofort ins heiße Fett gelegt und bei mittlerer bis schwacher Hitze in etwa drei Minuten pro Seite goldbraun gebraten. Man serviert sie mit Zitronenachteln und Petersilie.

Tipp Dazu passen Kartoffeln und gemischter Salat.

Backen am Karsamstag

Der Samstagnachmittag vor Ostern stand in meiner Kindheit ganz im Zeichen von Teiglöffel und Schüsselausschlecken ... Es wollten doch die dick mit Puderzucker bestäubten Osterlämmer und, zur alljährlichen Freude der Kinder, auch ein leckerer Osterhase gebacken werden!
Für die Osterlämmer nahm die Großmutter eine Form, die übers Jahr zum Schutz in Pergamentpapier eingeschlagen war, aus dem Schrank. Die Kleinen umringten sie und zogen ungeduldig an ihrer Schürze. »Hat eins von euch auch brav den Hasen auf den Pappendeckel aufgezeichnet?«, fragte sie dann. Freilich, das war längst schon geschehen: mit andächtigem Gesicht, die Backe nachdenklich in die Hand gestützt, gemalt mit dem alten, roten Zimmermannsbleistift des Großvaters.

— Das Osterlämmchen —

Der Teig, den man dazu braucht, ist ein ganz einfacher Rührteig. Das Lamm wird oft am Ostersonntag mit anderen Speisen in die Kirche mitgenommen, um es weihen zu lassen.

1 Man nehme für ein Lamm 70 Gramm Butter, 100 Gramm Zucker, die man zusammen schaumig rührt, sowie einen Teelöffel abgeriebene Zitronenschale und eine Prise Salz, die man unterrührt. Dann nehme man zwei kleine Eier und gebe sie einzeln an den Teig. Gut verrühren. 100 Gramm Weizenmehl mit zwei Esslöffeln Maisstärke und einen Teelöffel Backpulver über die Ei-Butter-Masse sieben und gut unterrühren.

2 Die Osterlammform innen gut ausfetten und mit Mehl ausstäuben. Die Form zusammensetzen, aufstellen und mit dem Teig füllen. Sodann heize man den Backofen vor, stelle die Form auf ein Blech und backe das Lamm etwa eine Dreiviertelstunde auf der untersten Schiene bei 180 °C.

3 Die Form aus dem Ofen nehmen und etwas abkühlen lassen. Dann die Form öffnen und das Lamm herausnehmen. Man lasse es nun vollends erkalten, dann kann man die Bodenfläche gerade schneiden. Nun kommt es darauf an, ob man das Lamm, wie bei uns zu Hause, nur mit Puderzucker bestäubt, wodurch es so schön schneeweiß wird, oder ob man es mit einer Glasur überziehen will.

Variante Will man das Lamm glasieren, so bereite man einen Überzug aus 250 Gramm Puderzucker, zwei Eiweiß und einem oder zwei Löffeln Zitronensaft. Schließlich, denn das Lämmchen braucht ja noch Ohren und Augen, nehme man 30 Gramm Blockschokolade, breche sie in Stücke und erhitze sie mit einem Teelöffel Wasser im Wasserbad, bis sie geschmolzen ist. Dann die Schokoladenglasur in ein Pergamenttütchen geben und Augen, Ohren, Mäulchen und Nase damit nachzeichnen.

»All das süße Sach ...«, seufzte da so manch einer, der Süßes entweder nicht so sehr mochte oder schlicht nicht so viel davon essen durfte oder sollte. Die Großmutter aber, die die Essgewohnheiten, die kleinen Vorlieben und Schwächen ihrer Lieben nur allzu gut kannte, hielt in ihrer Backstube natürlich auch pikante Osterfladen bereit. Dazu muss man freilich einen Tag früher beginnen, weil der Teig sehr lange ruhen muss!

— Der große, bunte Osterhase —

Auch wenn er kein unmittelbar christliches Symbol ist: Ostern ohne den Osterhasen ist eigentlich undenkbar. Dieser hier kommt in Form eines wunderbar saftigen Kuchens auf unseren Tisch. Als Kinder haben wir ihn sehr geliebt und mit viel Liebe die Schablone angefertigt. Er sieht schön und stattlich aus und schmückt die österliche Kaffeetafel.

1 Der Grundteig wird wie folgt zubereitet: 125 Gramm Butter, 200 Gramm Zucker, ein Päckchen Vanillezucker, eine Prise Salz, sechs Eier und 400 Gramm Mehl sowie vier Teelöffel Backpulver und drei Esslöffel Milch zu einem Teig verrühren. Sodann den Teig auf ein mit Backpapier belegtes Blech streichen und eine halbe Stunde im vorgeheizten Ofen bei 150 °C backen.

2 Dann bereite man einen guten Vanillepudding zu. Anschließend nehme man 400 Gramm eingeweckte, entsteinte Weichseln (Sauerkirschen), lasse sie gut abtropfen, nehme vier Esslöffel Saft ab, koche diesen mit zwei Esslöffeln Speisestärke auf und lasse diesen Kirschbrei wieder abkühlen. Er wird später auf den Boden gestrichen, damit er auch so richtig schön saftig ist.

3 Für die Buttercreme 125 Gramm Butter und 100 Gramm Zucker schaumig rühren, zwei Eier sowie zwei Esslöffel Kakaopulver und den duftenden Vanillepudding unterrühren.

4 Dann mit der vorgefertigten Schablone aus dem Kuchen einen Hasen ausschneiden und in zwei Böden teilen. Mit den Reststücken verfahre man ebenso. Den unteren Boden mit Saftmasse bestreichen und mit den Weichseln belegen, dann den zweiten Boden darauflegen. Mit Buttercreme bestreichen, mit zwei Esslöffeln Kokosraspeln und 50 Gramm Vollmilchkuvertüre verzieren.

— Pikante Osterfladen —

Dieses Rezept stammt ursprünglich aus der Herbstküche und ist eine Abwandlung des beliebten Zwiebelkuchens, den man zu jungem Wein genießt. Aber mit feinem Quark und frischen Frühlingszwiebeln schmeckt er auch in der Osterzeit so richtig gut. Das hier aufgezeichnete Rezept lässt sich ein wenig schneller verwirklichen als Großmutters langwieriger Hefeteig.

1 Für ein Blech werden 300 Gramm Weizenmehl mit einem Päckchen Trockenhefe, einem Teelöffel Zucker und einer Prise Salz gemischt. Dann knetet man einen Achtelliter warmes Wasser oder Buttermilch sowie sechs Esslöffel Öl darunter, bis der Teig schön geschmeidig ist.

2 Der Teig muss nun an einem warmen Ort etwa 20 Minuten gehen. Sie können ihn auch an einem kalten Ort (Keller oder Kühlschrank) über Nacht gehen lassen, dann entspricht er eher dem »Großmutter-Teig« und schmeckt wirklich ganz besonders gut.

3 Nach dem Gehen wird der Teig wieder kräftig geknetet und dann auf ein Backblech gelegt, wo er noch einmal gehen darf. Währenddessen schneidet man zwei große Zwiebeln oder zwei kleine Bund Frühlingszwiebeln in feine Ringe und brät die Zwiebelringe in der Pfanne bei kleiner Hitze in etwas Fett langsam an, bis sie glasig sind.

4 Etwas abkühlen lassen, mit einem halben Pfund Quark und einem Ei vermengen und kräftig mit Salz, Pfeffer und Muskat abschmecken. Den Zwiebelquark auf dem Teig verteilen, dann bei großer Hitze (250 °C) im Ofen auf unterster Schiene backen, bis er unten goldbraun ist. Vorsicht, das geht meistens sehr schnell.

Das Ostermenü

Die traurige und besinnliche Karfreitagsstimmung, meist mit trübem Schneewetter »gesegnet«, und schließlich auch die emsige Geschäftigkeit des Karsamstags weichen nun der großen Vorfreude auf den Ostersonntag. Der zeigte sich – in meiner Erinnerung – oft, wie es sich gehörte, im allerschönsten Gewand: Mit strahlendem Sonnenschein, sodass das Birkenlaub leuchtete. Die fröhlichen Kirchenglocke versammelten Alt und Jung in ihrem Sonntagsstaat auf den Stufen vor der Kirche.

Endlich wieder schlemmen!

Zum Frühstück hatte es bereits für jeden ein besonders schön gefärbtes Ei mit Pfeffer und Salz und Brot gegeben. Auch ein Schälchen Obst und ein Haferbrei mit Zimt mag verzehrt worden sein, aber auf keinen Fall ein zu opulentes Frühstück, sonst hat man doch später keinen Appetit!

Denn das herrlichste Mahl sollte das Ostermenü sein, worauf ebenfalls schon tags zuvor mit vereinten Kräften hingearbeitet wurde.

Die Speisen, die hier nun folgen, waren unsere liebsten zu Ostern. In meiner Erinnerung gibt es nichts Appetitlicheres als den festlich geschmückten Tisch mit den dampfenden Schüsseln, der Sauciere, die nach dem würzigen Bratenfond roch, der einem das Wasser im Munde zusammenlaufen ließ, und darüber das süße Aroma der Schneemilch und der Apfelbiskuits.

— Französische Suppe —

Warum diese Suppe »französisch« genannt wurde, daran kann sich auch in unserer Familie niemand mehr genau erinnern. Wahrscheinlich stand die Liebe der Franzosen zu Gemüsesuppen hier Pate.

1 Ein Viertelpfund Reis wird mit vier Schöpflöffeln Fleischbrühe und einer mit vier Nelken besteckten Zwiebel langsam weich gedämpft, doch so, dass der Reis ganz bleibt.

2 Unterdessen werden Möhren, Sellerieköpfe, Pastinaken und Petersilienwurzeln gewaschen und in feine Streifen geschnitten. Dann wird von den Möhren und dem Sellerie ein ganzer, von den Pastinaken und der Petersilienwurzel ein halber Schöpflöffel genommen, und dies zusammen in guter Fleischbrühe weich gekocht.

3 Beim Anrichten wird alles, die Zwiebel ausgenommen, mit einem Schaumlöffel in die Suppenschüssel gelegt und mit Fleischbrühe aufgefüllt. Dann mit Salz und Pfeffer sowie Schnittlauch würzen.

— Gebackene Hühner in Bierteig mit Kartoffelsalat —

Hierzu kann man nur junge Hühner oder Brathähnchen gebrauchen. Diese werden gebrüht, ausgenommen und rein ausgewaschen. Kleinere Hühner verschneidet man in vier, größere in sechs Teile. Die Hühner kocht man in einem irdenen Geschirr mit einem Schöpflöffel guter Fleischbrühe, einem Esslöffel Butter, einer Zwiebel, einem Lorbeerblatt und einem Sträußchen Petersilienlaub einige Male auf und stellt sie dann in der Brühe zum Erkalten. Alsdann werden sie herausgenommen, abgetrocknet, in Backteig von Bier, Milch oder Wasser getaucht und goldbraun ausgebacken.

1 Für einen Backteig von Bier nehme man ein halbes Pfund feines Mehl, das mit einem Viertelliter Bier und zwei Esslöffeln zerlassener Butter oder heißem Schmalz zu einem dickflüssigen, glatten Teig angerührt wird. Mit etwas Zucker und Salz würzen und mit dem Eischnee von drei Eiweiß leicht vermischen. Die Hühnerstücke müssen stark messerrückendick voller Teig sein. Statt der zerlassenen Butter kann man auch einen guten Esslöffel feines Öl verwenden, wodurch der Teig beim Backen bedeutend röscher wird.

2 Für den Kartoffelsalat gekochte, abgekühlte Kartoffeln in feine Scheiben schneiden. Eine halbe Zwiebel und eine halbe Zehe zerdrückten Knoblauch mit Salz, Pfeffer, Öl und Apfelessig sowie getrocknetem Liebstöckel zu einer Sauce verrühren und über die Kartoffeln geben. Entweder man mischt ihn mit fein geschnittenen Endivien mit Speck oder mit fein gehobelter Gurke, die schon ein wenig gesalzen und weich ist. Oder man bereitet ihn mit sauren Gürkchen und etwas Mayonnaise zu, je nach Belieben. Stellt die Hausfrau zur Feier des Tages gleich alle drei Varianten auf den Tisch, ist ihr großes Lob gewiss!

— Lammkarree im Blätterteig —

So manches Jahr stand als Hauptspeise natürlich auch ein zartes Lämmchen im Teig mit grünen Bohnen und Kartoffeln auf der Osterspeisekarte. Deshalb soll es hier als Variante für das Festmenü beschrieben werden. Den Blätterteig, den man früher noch eigenhändig zubereitete, kann man ja heute flugs aus der Gefriertruhe holen!

1 Dazu braucht man für vier Personen: 300 Gramm Blätterteig, ein schönes, großes Lammkarree nicht unter eineinhalb Pfund, Salz, schwarzen Pfeffer, feines Speiseöl. Ferner ein halbes Pfund frischer (oder im Sommer eingeweckter) Champignons oder andere Pilze, Zwiebeln, Butter, süßen Rahm, fünf Eigelb und kräftig Petersilie.

2 Zuerst die Blätterteigscheiben auftauen. Das Karree salzen, pfeffern und in Öl anbraten. Die Pilze säubern, fein würfeln und zusammen mit der fein gewiegten Zwiebel in Butter so lange dünsten, bis alle Flüssigkeit verdampft ist. Die Hälfte des Rahms dazugießen und einkochen lassen.

3 Sodann gieße man die restliche Sahne mit vier Eigelb zusammen, verschlage das Gemisch und rühre es unter die Pilze, bis die ganze Masse stockt. Salz, Pfeffer und die Petersilie zufügen und kalt stellen.

Nach diesem Gang gelüstet es vor allem die Kinder – aber beileibe nicht nur sie – nach einer Nachspeise. Das schließt auch den Magen. Und die Küche der Großmutter erwies sich auch in deren Zubereitung als ausgesprochen einfallsreich und köstlich.

4 Das duftende Lammkarree schließlich mit der Pilzmasse einstreichen und gut in den ausgerollten Blätterteig einhüllen. Mit einem Eigelb bepinseln und das Ganze bei etwa 180 °C im Elektroherd gute 20 Minuten backen.

Tipp Was herrlich dazu schmeckt, sind grüne Bohnen, entweder frisch oder, wie es auf dem Lande üblich war, für die Vorratshaltung eingelegt, und Petersilienkartoffeln.

— Biskuit-Mehlspeise mit Äpfeln und Vanilleschneemilch —

Diese leichte, köstliche Nachspeise passt nicht zur zum Ostermenü. Sie wird immer gern gegessen und ist schnell und einfach hergestellt. Von Kindern und Erwachsenen gleichermaßen geliebt, lässt sie auch noch ein bisschen Platz für die Lust auf den Nachmittagskuchen.

1 Eine mit Butter ausgestrichene Mehlspeisenform wird zunächst mit einer Schicht Apfelscheiben belegt, die in Weißwein mit Zucker und Vanille weich gedämpft wurden. Hierauf folgt eine Schicht Biskuit, den man vorher mit ein wenig Rum anfeuchtet und mit Aprikosenmarmelade dick bestreicht.

2 Für den Biskuit backt man ein kleines Grundrezept von zwei Eiern, einem Esslöffel warmem Wasser, 60 Gramm Zucker, 50 Gramm Mehl, einem Teelöffel Backpulver und 25 Gramm Speisestärke zu einem Boden, den man passend schneidet. Wer es eilig hat, kann zur Not aber auch Löffelbiskuits nehmen und dann an der Aprikosenmarmelade sparen.

3 Weiter rührt man von einem halben Liter Sahne, 45 Gramm Maisstärke, 50 Gramm Zucker und etwas gestoßener Vanille auf dem Herd eine Creme, die man, sobald sie kochend sich zu verdicken anfängt, mit vier Eidottern abzieht.

4 Nachdem der angegebene Inhalt der Form hiermit übergossen wurde, schiebt man sie in den Ofen und lässt die Speise bei mäßiger Hitze eine Stunde backen. Kurz vor dem Garsein streicht man das zu steifem Schnee geschlagene, mit Puderzucker verrührte Eiweiß der vier Eier als Guss über die Mehlspeise, setzt rundherum kleine Flöckchen der Masse als Verzierung auf und lässt sie hellgelb backen.

5 Sodann wird die Vanilleschneemilch zubereitet. In einem Liter Milch werden ein oder zwei Stängelchen Vanille einige Male aufgekocht. Dies lässt man eine Viertelstunde abkühlen.

6 Dann rührt man einen Esslöffel Mehl mit zwei Esslöffeln kalter Sahne glatt an, gibt acht Eigelb und acht Esslöffel feinen Zucker darein und verrührt dies mit der halb erkalteten Milch. Nun gießt man die Flüssigkeit durch ein Sieb und lässt sie unter beständigem Rühren mit dem Schneebesen zum Kochen kommen, nimmt sie vom Herd und stellt sie beiseite.

7 Dann werden die vier zu steifem Schnee geschlagenen Eiweiße unter die erkaltete Milch gerührt, alles in einer Schüssel angerichtet, zum völligen Erkalten gestellt und serviert.

— Früchte-Pudding mit Orangensauce —

Der Pudding wird gebacken und schmeckt Groß und Klein. Besonders fein wird er durch die reichhaltige Sauce, die so recht zur österlichen Schlemmerei passen will. Den Weinbrand können Sie durch Apfel- oder Orangensaft ersetzen, aber der Alkohol verdunstet beim Backen.

1 Für den Pudding werden 175 Gramm gemischtes Trockenobst (Feigen, Aprikosen, Pflaumen, Äpfel, vielleicht auch ein paar Kirschen oder Cranberrys) in kleine Würfel geschnitten. Das Obst mit 300 Milliliter Wasser, zwei Esslöffeln Weinbrand und 1 Esslöffel Orangensaft aufkochen und 20 Minuten ziehen lassen.

2 Den Ofen auf 180 °C vorheizen. Nun verrührt man 60 Gramm weiche Butter mit 150 Gramm braunem Zucker und einem Esslöffel Vanillezucker und rührt nach und nach zwei Eier darunter. Danach 175 Gramm Mehl und 1 TL abgeriebene Schale einer unbehandelten Orange unterrühren. Der Teig wird in eine gefettete Kranzform von 20 Zentimetern Durchmesser gefüllt und auf der zweiten Schiene von unten etwa 20 Minuten lang gebacken.

3 Jetzt wird die Sauce zubereitet. Dazu werden 200 Gramm brauner Zucker, 1 Esslöffel Vanillezucker, 100 Gramm Crème double, 150 Gramm Butter und 5 Esslöffel Orangensaft mit einander verrührt und unter Rühren aufgekocht. Immer weiter rühren und drei Minuten bei kleiner Hitze weiterkochen lassen.

4 Der gebackene Pudding wird mit etwa einem Viertel der heißen Sauce übergossen und kommt zurück in den ausgeschalteten Ofen, wo er ziehen darf, bis die Sauce aufgesogen und die Oberfläche goldbraun ist. Den Pudding aus der Form nehmen und abkühlen lassen. Mit der restlichen abgekühlten Sauce servieren.

Kräuter für die Frühjahrskur

Der berühmte Naturheilkundige Pfarrer Sebastian Kneipp hat einmal gesagt: »Alles, was wir brauchen, um gesund zu bleiben, hat uns die Natur reichlich geschenkt.« Man kann gar nicht genug unterstreichen, wie recht er hatte. So hatte auch unsere Großmutter für viele Wehwehchen ein Kraut, einen Tee, eine Tinktur oder Salbe parat. Besonders schwor sie aber auf die Frühjahrskur, die in der vorösterlichen Zeit durchgeführt wurde und das Fasten ergänzte. »Die Kräuter reinigen das Blut und machen frisch und munter nach dem langen Winter«, pflegte sie zu sagen. Ihre wichtigsten Kräuterrezepte hat sie uns im Anhang ihres selbst geschriebenen Kochbuches erhalten.

— Bärlauch —

Der Bärlauch ist an feuchten, halbschattigen Standorten zu finden, oft am Waldrand oder an Bachläufen. Im zeitigen Frühjahr entwickeln sich aus seinen Zwiebeln die Blätter, die beim Reiben intensiv nach Knoblauch duften. Bärlauch ist ein gutes Kraut für die Frühjahrskur, weil er entschlackend wirkt.
Am besten legt man ihn in Essig ein, mit dem man Salate würzt. Dazu nimmt man eine kleine Handvoll Bärlauch, die man wäscht, trocknet, grob hackt und mit einigen weißen Pfefferkörnern in eine verschließbare Flasche gibt. Dann kocht man einen halben Liter Weißweinessig kurz auf und gießt ihn in die Flasche. Der Essig sollte zwei bis drei Wochen dunkel und kühl lagern, bevor man ihn abfiltert und in eine andere Flasche umgießt.

— Brennnessel —

Die Brennnessel gedeiht in ganz Europa an Wegrändern und auf brachliegenden Grundstücken. Die jungen Triebe sind sehr zart und voller Vitamine. Man kann sie unter den Salat mischen oder als Suppeneinlage verwenden. Als Tee getrunken haben Brennnesseln eine blutreinigende und entwässernde Wirkung. Also ein ideales Kraut, das frisch für die Frühjahrskur verwendet werden kann.

Für eine große Tasse frischen Brennnesseltee nehmen Sie einen Esslöffel getrocknete Brennnesselblätter, gießen sie mit kochendem Wasser auf und lassen den Tee zugedeckt zehn Minuten lang ziehen. Anschließend gießen Sie ihn durch ein feines Sieb ab. Über den Tag verteilt sollten Sie während der Frühjahrskur zwei bis drei Tassen Tee pro Tag in kleinen Schlucken trinken.

Beim Sammeln von Kräutern sollten Sie beachten, dass Sie nur solche ernten, die Sie wirklich gut kennen. Pflücken Sie nur so viel, wie Sie innerhalb eines Jahres verbrauchen können, bei allzu langer Lagerung lässt die Wirkkraft nach. Kräuter sollten an sonnigen Tagen gesammelt werden und reif, sauber und trocken sein. Sie sollten abseits viel befahrener Straßen gesammelt und in einem Korb transportiert werden. Und bitte: Pflücken Sie niemals Heilkräuter, die unter Naturschutz stehen. Hier hilft Ihnen Ihr Apotheker weiter.

— Gänseblümchen —

Das Gänseblümchen wächst in ganz Europa auf Wiesen und an Wegrändern. Ab März kann man die Blüten und das Kraut schon wieder sammeln. Das Gänseblümchen hat mit seinen ätherischen Ölen, Bitterstoffen und Gerbstoffen eine blutreinigende und harntreibende Wirkung und gehört deshalb unbedingt mit in Ihre Frühjahrskur.

Sie können es ganz einfach essen: im Salat, als Dekoration auf Speisen oder sauer eingelegte Knospen als Kapernersatz. Am besten schmecken die ganz jungen Blättchen aus dem Inneren der Blütenblattrosette. Die Knospen und die nur halb geöffneten Blüten schmecken nussig, bereits geöffnete Blüten sind dann ein wenig bitter.

— Hagebutte —

Die Hagebutte ist die Frucht der stacheligen Heckenrose. Im Herbst gesammelt, von Kernen befreit und in der Sonne getrocknet, erhalten die Früchte lange Zeit ihre abwehrstärkende und entschlackende Wirkung. Der Tee schmeckt gut und hat eine leuchtend rote Farbe, was ihn auch bei Kindern beliebt macht. Mit seinem hohen Gehalt an Vitamin C ist er ein idealer Haustee, gerade auch im Frühjahr.

Für einen großen Becher Tee gießen Sie einen Esslöffel mit frischer oder getrockneter Hagebuttenschale mit einem Viertelliter Wasser auf, lassen den Tee fünf bis zehn Minuten mit den

Früchten kochen und gießen ihn dann durch ein feines Sieb ab. Als Frühjahrskur können Sie mehrmals täglich eine Tasse davon trinken.

— Petersilie —

Petersilie kann im sehr zeitigen Frühjahr ausgesät werden. Die zweijährige Pflanze ist frosthart, steckt voller Vitamine und Mineralstoffe und besitzt eine blutbildende, harntreibende und entschlackende Wirkung.

Für einen Petersilientee, der sehr gut in eine Frühjahrskur passt, sollten Sie getrocknete Petersilienwurzeln verwenden, da in ihnen mehr Wirkstoffe enthalten sind. Einen Esslöffel getrocknete, zerkleinerte Wurzel mit einem Viertelliter kochendem Wasser aufgießen, zehn Minuten ziehen lassen, dann abseihen und den würzigen Tee in kleinen Schlucken trinken.

— Schlehe —

Der Schlehenstrauch mit seinem weißen Blütenschleier verzaubert die Wegränder im Frühjahr. Die Schlehenblüten können kurz nach dem Aufblühen gesammelt und getrocknet werden. Auch dieser Tee hat eine blutreinigende Wirkung.

Zu Zubereitung des Tees übergießen Sie einen Esslöffel getrocknete Schlehenblüten mit einem Viertelliter heißem Wasser. Der Tee muss zehn Minuten ziehen, dann können Sie ihn durch ein feines Sieb filtern und in kleinen Schlucken genießen.

Allerlei rund um Ostern

Um Ostern herum – Spiele, Reime und Geschichten

Aus einem kleinen Büchlein, das mit wunderschönen Zeichnungen geschmückt war, las die Großmutter uns Kindern vor dem Zubettgehen gerne vor. Öffnete man dann abends das Fenster der Stube einen Spalt, so drang in der vorösterlichen Zeit der verheißungsvolle, kräftige Geruch der feuchten Erde herein, auf welcher der Schnee schon widerwillig getaut war.

Diese Abende liebten wir Kinder ganz besonders. Frisch gewaschen, schon im warmen Schlafanzug oder Nachthemd, ein Paar warme Socken an den Füßen, so saßen wir erwartungsvoll da und genossen die Zeit, die uns die Großmutter schenkte. Zu einer Zeit, da Radio und Fernsehen noch nicht alles dominierten, war das Vorlesen vor dem Zubettgehen eine unserer großen Kinderfreuden. Aber ich habe das Gefühl, auch heute noch lieben die Kinder die anheimelnde Stimmung, die ganz von selbst beim Vorlesen entsteht. In jeder Familie gibt es wohl Lieblingsgeschichten, die niemals langweilig werden.

Im Garten vor dem Fenster stand eine Birke, deren Zweige schon ein erstes zartes Frühlingsgrün überzog. Von ihr handelte eines unserer Lieblingsmärchen, das nicht nur wir Kinder immer wieder gerne hörten. So manches Mal stahl sich auch einer von den Großen herein und blieb nachdenklich, in Gedanken versunken, bei uns sitzen.

Prinzessin Birke – ein Frühlingsmärchen

Neben dem Hause, gerade vor dem Küchenfenster, stand ein großer, schlanker Birkenbaum. Wenn man in der Küche war, so sah man in die ganze grüne Blätterherrlichkeit hinein wie in einen Wald, und so kam es, dass diese Küche gar nicht so aussah wie andere Küchen, sondern ganz besonders schön und märchenhaft.

Die Köchin wusste das gar wohl, und sie hielt mit Eifer darauf, dass es in der Küche immer schön sauber und ordentlich aussah.

Und es war merkwürdig: Auch die Teller und Töpfe, die Schüsseln und Krüge schienen es zu wissen. Denn alle – von der obersten kupfernen Kasserolle herab bis zum kleinsten irdenen Schüsselchen ließen sich willig scheuern und putzen, keines tat einen Mucks, ganz im Gegenteil, sie wetteiferten miteinander, wer das blankste und schmuckste sei. Und ebenso die Küchenmöbel.

»Was tut man nicht alles, um einer Prinzessin zu gefallen,« seufzte der hölzerne Küchentisch, wenn Bürste und Seife ihn bearbeitet hatten und er triefend vor Nässe dastand. Wenn dann aber die rote Decke wieder über ihn gebreitet lag, so war er stolz wie nur einer und meinte, dass ganz sicher er es wäre, der der Prinzessin am besten gefalle.

»Papperlapapp!«, sang der graue Wasserkessel auf dem Herde, der sich nicht wenig darauf einbildete, dass er der Einzige in der Küche war, der singen konnte. »Auf solche Äußerlichkeiten gibt die Prinzessin nichts. Meine schöne Stimme gefällt ihr gewiss viel mehr, wenn ich auch nur in einem unscheinbaren grauen Kleide stecke, wie meine Frau Kollegin, die Nachtigall. Nicht auf das Kleid kommt es an, sondern auf die Stimme und die Seele.« Und der Wasserkessel dampfte und sang, um der Prinzessin Birke zu zeigen, was er für eine schöne Seele habe.

Die Birke draußen vor dem Fenster sah und hörte sich das alles mit an und lachte still in sich hinein. »Wie mögen sie nur auf den Gedanken gekommen sein, ich sei eine Prinzessin?«, fragte sie sich. »Ich bin doch nur eine ganz gewöhnliche Birke, wie tausend andere auch.«

Das war nun freilich wahr. Und eigentlich hatte es den Töpfen und Schüsseln in der Küche auch niemand gesagt, dass die Birke eine Prinzessin sei. Aber weil der Stamm des Birkenbaums nicht braun war wie die meisten anderen Baumstämme, sondern ein weißes Kleid trug, und weil die Prinzessin ein so feines Aussehen hatte und ihre Äste mit den zarten, grünen Blättchen gar so anmutig und vornehm zu bewegen wusste, so war eben die Sage von der Prinzessin entstanden.

Die Birke hatte es schon oft mit angehört, wie sie in der Küche darüber redeten. Weil sie aber sah, wie gut der Glaube, dass sie eine Prinzessin war, auf die Küchenbewohner wirkte, wie er sie zu Höflichkeit, Ordnung und Fleiß anspornte, nun, so ließ sie die Küchengesellschaft in diesem Glauben. Und damit hatte sie ganz recht.

Nun brachte die Köchin eines Tages ein funkelnagelneues, irdenes kleines Milchtöpfchen mit nach Hause. Es war hübsch anzusehen und passte gut in die schöne Küche.

Man sah diesem kleinen Töpfchen gleich an, dass es keines von den dümmsten war. Es trug sein glänzendes gelbes Röcklein mit den braunen Tüpfelchen so sicher und stolz, es reckte sein Schnütchen so keck in die Luft und hatte ein ganz auffallend großes Henkelohr. Sicher konnte es damit eine ganze Menge mehr hören als andere.

Das Milchtöpfchen sah sich bei seiner Ankunft in der Küche gleich gehörig um, lobte den schönen Blick ins Freie und erfuhr nun dabei gleich, dass sich ihm hier die Aussicht auf eine Prinzessin böte.

»Woher wisst ihr das?«, fragte es sofort.

»Na, na, na, das wissen wir halt!«, riefen die Teller und Töpfe.

»Ich sehe aber gar keine goldene Krone«, sagte das Milchtöpfchen.

»Dafür aber umso mehr goldenes Geschmeide«, wurde ihm als Antwort zuteil. Man meinte damit die goldenen Blütenkätzchen, die jetzt, zur Osterzeit, überall von den Zweigen der Birke herabhingen.

»Und ich sehe auch gar keinen Schleier«, beharrte das Milchtöpfchen. »Prinzessinnen haben, soviel ich gehört habe, immer einen Schleier.«

»Papperlapapp!«, machte der Wasserkessel. »Übrigens, Prinzessin Birke hat auch einen. Das siehst du doch! Jedes Frühjahr trägt sie einen feinen, grünen Schleier.«

»Natürlich! Natürlich!«, riefen Schüsseln und Töpfe und Pfannen zugleich. Und die Küchenlampe rief von ihrer Höhe herab: »Lasst nur den kleinen Ungläubigen, er wird schon auch noch an die Prinzessin glauben lernen.«

»Sonst würde ich ihm das Leben gründlich versalzen«, fügte das Salzfass kampflustig hinzu. Aber das milder denkende Mehlfass daneben beruhigte es gleich wieder.

Das Milchkännchen tat, als habe es das alles nicht gehört. »Wenn die Birke wirklich eine Prinzessin ist«, sagte es mehr zu sich als zu den anderen, »so muss ihr Vater auch ein Reich haben. Wenn er aber ein Reich hat, nun, so soll sie uns doch einmal davon erzählen.«

»Erzählen?«, rief der Scheuerlappen ganz entsetzt. Und auch die anderen riefen gleich: »Wo denkst du hin? Wer soll sie danach fragen?«

»Ich«, sagte das Milchkännchen ruhig. Und es wartete nur noch auf den richtigen Moment, um in die Nähe der Prinzessin zu kommen.

Die Gelegenheit bot sich schon am anderen Nachmittage. Das Milchtöpfchen wurde mit heißer Milch gefüllt und zum Verkühlen vor das Fenster gestellt.

»Liebe Prinzessin Birke«, begann es dann auch schlankweg, »wenn Sie eine Prinzessin sind, so haben Sie doch gewiss auch ein Reich. Möchten Sie uns nicht einmal davon erzählen? Wir bitten recht schön darum.«

Den Schüsseln und Töpfen in der Küche stockte der Atem vor Schreck und Erwartung, und auch dem kleinen Milchtöpfchen war's in diesem Augenblick doch nicht ganz wohl! Wer beschreibt aber aller Erstaunen, als Prinzessin Birke sich zu dem kleinen Milchtöpfchen hinabbeugte, es mit ihren lichten Blätterzweigen liebkosend streichelte und freundlich sagte: »Sehr gerne!«

Und ohne der Gesellschaft weiter Zeit zum Staunen zu geben, begann sie: »Das Reich meines Vaters ist sehr, sehr groß. Geht man links um die Erde herum, so reicht es bis nach Amerika, geht man rechts, so reicht es bis zum Lande Asien, und geht man geradeaus und nordwärts, so reicht es bis dorthin, wo's schrecklich kalt ist, und wo der Eisbär und der Seehund wohnen.

Ich darf wohl stolz sein auf mein Reich, denn es ist erstaunlich, was für brauchbare Leute meine Untertanen, die Birkenbäume, alle sind. Denkt nur an die Möbel! Schade, dass ihr nicht spazieren gehen könnt – in vielen Gärten könntet ihr die weißen Birkenmöbel sehen. Zierliche Gartenlauben, Tische zum Ausruhen – man kennt sie sofort an ihrem weißen, freundlichen Schimmer. Ja, ja. Und dann die Holzboote aus Birkenholz! Ja, hoch oben bei den Eisbären baut man sogar Hütten aus unseren Untertanen.«

»Für die Eisbären?«, fragte eines aus der Küche.

»I wo, Eisbären brauchen doch keine Hütten, aber die Leute, die dort leben, die Eskimos! Die bauen sich ein festes Dach aus Birkenholz und legen dann grünen Rasen darauf, um sich warm zu halten.«

»Nein, so etwas«, sagte das Milchtöpfchen, das ganz entzückt war, so viel Neues zu hören. »Ach, liebe Prinzessin, erzählen Sie doch weiter!«

Da berichtete die Birke dem lauschenden Völkchen von ihren Vettern, den Zwergbirken, aus deren Rinde fremde Völker Decken webten. Von den Gefäßen für Essen und Trinken erzählte sie, die man aus Birkenholz machen konnte. Und vom würzigen Wein aus dem Saft der Birken erzählte die gute Prinzessin, dass sie darüber selbst ganz durstig wurde.

»Ach, darf ich vielleicht gleich fortspringen, um Ihnen ein Gläschen zu holen?«, fragte eifrig der Küchentisch. Er dachte im Moment wahrhaftig nicht daran, dass er trotz seiner vier Beine alleine gar nicht laufen konnte.

»Macht nichts«, verzieh die Birke großmütig. »Von den Besenbindern wollte ich euch erzählen, die Besen aus Birkenreisern machen. Und natürlich auch die Ruten für den Knecht Ruprecht, der mit dem Nikolaus kommt. Wisst ihr überhaupt, wer das ist? Und dann kann man aus Birken noch allerhand machen: Tee, Papier und sogar Zucker! Aber ich muss mich nun sputen mit meiner Erzählung, sie dauert sonst gar zu lange.«

Gerade kam die Köchin in die Küche und brachte ein Bündel Holz mit, das sie unten in den Herd zum Trocknen legte.

»Wahrhaftig«, rief die Birke, »das hätte ich fast vergessen! Brennholz, ja, das sind auch meine Untertanen. Ein knisterndes, wohliges Feuer können die machen. Und wie die Scheite duften!«

»Gibt es denn auch Feinde in Ihrem Land?«, fragte das Küchenbeil, das neben dem Herde lehnte und ein wenig kriegerisch gesinnt war.

»Wenig, wenig. Aber schlimm genug. Die Raupe kommt heimlich angeschlichen und plündert dann, zerstört alles und frisst so einem armen Birkenbäumchen ratzekahl die Blätter vom Kopf. Schrecklich! Aber davon abgesehen, haben wir keine Feinde, sondern viele Freunde.«

Die Birke schwieg eine Weile. Dann meinte sie: »Ja, nun haben wir morgen wieder Ostern, und bald ist Pfingsten.«

»Ach, deshalb habe ich mich heut so lange mit dem Kuchenteig herumschlagen müssen«, meinte der hölzerne Löffel, der in der Spülschüssel zum Weichen lag.

Die Prinzessin hörte nicht darauf. »Morgen ist Ostern, und bald ist Pfingsten«, sagte sie verträumt.

»Sie sagen das so nachdenklich, liebe Prinzessin?«, fragte das Milchtöpfchen.

»Traurig nicht, nein. Aber weißt du, diese zwei Feiertage sind die schönsten für eine Birke.«

»Oh, erzählen Sie uns schnell noch davon. Bitte, es geht ja ganz schnell«, bat das vorwitzige Töpfchen.

»Ach, weißt du, in der Stadt merkt man gar nichts davon. Aber hier, auf dem Land, da holen sich die Leute frische Birkenzweige und schmücken sie mit ausgeblasenen Hühnereiern, eins schöner als das andere, und mit bunten Bändern und Holzperlen. So bringen sie den Frühling in die Stube. Und erst an Pfingsten! Da schmückt man mancherorts einen ganzen Baum mit Bändern und buntem Papier und stellt ihn vor die Kirche. Ach, wenn ihr das nur sehen könntet!« Die Birke seufzte.

»Warum gerade einen Birkenbaum?«, fragte das Milchtöpfchen. Es musste eben alles wissen.

»Warum? Ei, sieh: Ostern und Pfingsten sind doch Frühlingsfeste. Die Menschen sind überglücklich, dass es wieder warm und hell wird und draußen bald alles wieder in voller Blüte stehen wird. Und weißt du, Milchtöpfchen, so ein Birkenbaum schaut doch aus wie der leibhaftige Frühling mit seinem weißen Gewand und den lichtgrünen Blättchen. Und deshalb nehmen sie unsere Zweige als Schmuck.«

»Ja, das stimmt«, nickte das Milchtöpfchen und die anderen taten es ihm nach. Denn sie sahen es ja an der Prinzessin Birke selbst, an ihrer frischen, lichten Schönheit, wie ähnlich sie dem Frühling und der Freude der Menschen war. Und das kleine, kekke Töpfchen, nun, dem tat es nun doch ein bisschen leid, dass es vorher so großspurig dahergeredet hatte. Freilich hatte die Prinzessin Birke ein Reich. Und es hatte dies einfach nicht glauben wollen!

»Ob sie es weiß?«, dachte es. Und weil es doch ein mutiges Kerlchen war: »Ich will's ihr nur gleich selber sagen.« Und es bat die Prinzessin, sich zu ihm herabzuneigen, es habe ihr etwas zu sagen.

Und was tat die Prinzessin? Sie sagte, sie wisse schon, was es zu beichten habe. Und sie wollten es lieber umgekehrt machen: Sie wolle ihm etwas ins Ohr sagen. Und dabei streichelte sie das kleine Töpfchen abermals mit ihren knospenden Zweigen und beugte sich tief zu seinem Henkelohr herab.

Na, und?

Ihr möchtet nun wissen, was sie sagte, gell?

Nun, das hat das kleine, gelbe Milchtöpfchen niemals verraten. Solange es lebte nicht.

Nach dieser schönen Geschichte stieg ein jedes, die Augen reibend, in sein Bettchen und schlief, träumte vom Eierlaufen, dem ersten warmen Wind und dem Zuckerküken aus der Schürzentasche. Die ganz kleinen freilich vom Osterhasen, den sie dieses Jahr schon wieder nicht gesehen hatten. Aber der Großvater hatte ja den Meister Lampe dafür ganz gründlich beschrieben.

Lieder und Gedichte zur Osterzeit

So hielt der Frühling, die vorösterliche Zeit, bei uns Einzug. Und wir begrüßten ihn auch gebührend. In unserem Hause ist immer viel gesungen worden. Die Großmutter hatte einen schönen Alt, unsere Mutter einen klangvollen Sopran. So sangen wir, während es allerlei im Hause zu tun gab. Wohl jedes Kind kennt die Melodie der folgenden Zeilen. Beim ersten verstohlenen Vogelzwitschern eines mutigen heimgekehrten Zugvogels sangen wir das Vogelliedchen:

Frühlingslied

Alle Vögel sind schon da,
alle Vögel, alle!
Welch ein Singen, Musiziern,
Pfeifen, Singen, Tiriliern!
Frühling will jetzt einmarschiern,
kommt mit Sang und Schalle.

Wie sie alle lustig sind,
froh und frei sich regen!
Amsel, Drossel, Fink und Star

Und die ganze Vogelschar
Wünschen dir ein frohes Jahr,
lauter Heil und Segen.

Was sie uns verkünden nun,
nehmen wir zu Herzen:
Wir auch wollen lustig sein,
lustig wie die Vögelein,
hier und dort, feldaus, feldein
singen, springen, scherzen.

Osterlied für Kinder

Osterhäschen, Osterhas,
komm mal, her, ich sag dir was:
Schenk mir doch ein Osterei,
lauf doch nicht so schnell vorbei!

Leg ein Ei mir unters Kissen –
werd es schon zu finden wissen,
oder in die kleine Ecke
von dem Kleiderschrank verstecke.

Bunte Eier schmecken fein,
bunte Eier müssen sein.
Dank dir, lieber Osterhas
für den schönen Osterspaß.

Wir nahmen uns die Worte zu Herzen, das darf man sagen. Wir Kinder lachten viel und gern und sprangen, sooft es nur ging, in den Garten hinaus, um am allerliebsten in der Dämmerung zwischen Scheune und Schuppen Verstecken zu spielen. Wenn wir draußen waren, sangen die Großmutter und ihre Tochter, unsere Mutter, in der hell erleuchteten Küche auch andere Lieder. An eines erinnern wir uns besonders gut, denn da standen wir vor dem Fenster, das ein wenig geöffnet war, und hörten andächtig zu. Das war sie, die Verheißung des Frühlings, geschrieben von dem Dichter Ludwig Uhland, so eindrucksvoll vertont von Franz Schubert.

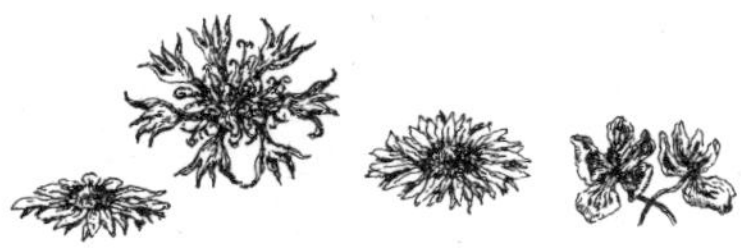

Frühlingsglaube

Die linden Lüfte sind erwacht,
sie säuseln und wehen Tag und Nacht,
sie schaffen an allen Enden.
O frischer Duft, o neuer Klang!
Nun, armes Herze, sei nicht bang!
Nun muss sich alles, alles wenden.

Die Welt wird schöner mit jedem Tag,
Man weiß nicht, was noch werden mag,
Das Blühen will nicht enden,
es will nicht enden.
Es blüht das fernste, tiefste Tal:
Nun, armes Herz, vergiss der Qual.
Nun muss sich alles, alles wenden.

Und noch zwei schöne Frühlingsgedichte hat die Tante Ilse mir in das Poesiealbum geschrieben. Jedes Mädchen hatte eines und war sehr stolz darauf. Auf der gegenüberliegenden Seite nämlich prangten die herrlichen bunten Bilder, voller Blumen und Blüten, die wir als kleine, bezopfte Mädchen beim alten Schreibwarenhändler erstanden, wie Kostbarkeiten sammelten und in die Alben der Freundinnen klebten. Wie stolz wir darauf waren! Und wie gern wir die Bilder tauschten, wenn mal eines doppelt war!

Wünschelrute

Schläft ein Lied in allen Dingen,
die da träumen fort und fort,
und die Welt hebt an zu singen,
triffst du nur das Zauberwort.

Joseph von Eichendorff

Frühlingslied

Leise zieht durch mein Gemüt
liebliches Geläute,
klinge, kleines Frühlingslied,
kling hinaus ins Weite.

Zieh hinaus bis an das Haus,
wo die Veilchen sprießen.
Wenn du eine Rose schaust,
sag, ich lass' sie grüßen.

Heinrich Heine

Wann ist eigentlich Ostern?

»Warum ist das Osterfest eigentlich nicht jedes Jahr am selben Tag?«, fragte der vorwitzig, kleine Bertl eines Abends den Großvater. »Ja, Großvater, warum?«, schlossen sich auch die anderen gleich an und scharten sich um den alten Mann. »Kommt Kinder, gehen wir uns den Himmel draußen anschauen«, lachte er, stand langsam auf und trat mit uns vor die Haustür. Da stand schon der

majestätische Löwe, das Frühlingssternbild schlechthin, hoch im Süden. Von den Wintersternbildern waren bloß noch der Kleine Hund und die Zwillinge übrig. Geduldig erklärte der Großvater uns die Zusammenhänge. Es ist nämlich gar nicht so einfach.

Ein wenig Sternenkunde

Wir benutzen heute den Gregorianischen Kalender, einen reinen Sonnenkalender. Das war nicht immer so. Drei Himmelsvorgänge helfen, den Zeitlauf zu messen und die Ereignisse in die Ordnung eines Kalenders zu bringen: die Drehung der Erde, der Lauf des Mondes um die Erde und schließlich die Wanderung der Erde um die Sonne. Aus diesen Gegebenheiten aber einen schlüssigen Kalender zu schaffen, war sehr schwer. Papst Gregor XIII. beschloss im Jahr 1582, einen neuen Kalender einzuführen, der den Mondlauf unberücksichtigt lassen sollte.

Die Mondphasen waren und sind vielen Menschen allmählich fremd geworden. Früher aber war man förmlich auf den Mondschein angewiesen, als abendlicher Wanderer oder auch als Datumsangabe, zum Beispiel für Versammlungen. In der christlichen Festrechnung aber hat sich die Bedeutung der Mondphase noch erhalten und spielt sogar eine wichtige Rolle: Das Osterfest nämlich ist auf den ersten Sonntag nach dem ersten Frühlingsvollmond festgelegt.

Wenn der Frühling beginnt

»Und wann ist Frühlingsanfang?« Die Kleineren standen betreten da, sie wussten es nicht, denn sie gingen noch nicht zur Schule. Der helle Bertl aber wusste es: »Am 21. März«, rief er keck. »Da sind Tag und Nacht gleich lang. Die Tagundnachtgleiche nennt man das!«

»Ja, die Sonne geht durch einen Schnittpunkt von Himmelsäquator und scheinbarer Sonnenbahn vom Süden zum Norden und tritt ins Tierkreiszeichen Widder«, ergänzte der Großvater, der in Gottes Schöpfung vor allem den Sternenhimmel und alles, was dazugehört, liebte, und holte aus den Tiefen seiner Hausjoppe ein Malzzuckerl für den Bertl.

Sprüche für die Ostereier

Der Lenzmonat März, wie auch der ganz hübsch launische April waren für uns Kinder zum Osterbasteln da. Abends um den Tisch herumsitzend, bliesen wir mit dicken Backen gleich körbchenweise die Eier aus, die die Großmutter gerade eben erst ihren Hennen stibitzt hatte. Dreimal darf man raten, was es dann, nach kräftiger Pustearbeit, zum Abendbrot gab? Eines der schönen Omeletts, deren Rezepte auch in diesem Büchlein beschrieben sind. Das schmeckte!

Die vielen Ostereier wurden geschmückt und mit allerlei Kunstwerk, wie man es auch nachlesen kann, verziert. Noch heute habe ich die Münchner Schuhschachtel mit den Batikeiern der Tante Lore! Jedes Jahr gab es von der Tante neben dem Osterei auch ein weiteres, wieder besonders liebevoll gestaltetes zum Geburtstag. Einige der Sprüche, mit denen sie in spitzem Sütterlin ihre Eier verzierte, habe ich hier aufgeschrieben:

Die Leute sagen immer,
die Zeiten werden schlimmer –
die Zeiten bleiben immer:
Die Leute werden schlimmer.

Ein fauler Kopf, ein faules Ei,
zwei Dinge und doch einerlei.

Zum Osterfest den Wunsch ich bringe,
dass Fried und Freud dich hold umschlinge.

Als ich schrieb und bemalt das Ei,
war ich mit ganzem Herzen dabei.

Das ist die wahre Lebenskunst,
des frohen Augenblickes Gunst
auch fröhlich zu genießen.

Von ganzem Herzen wünsch ich dir
des Himmels reichsten Segen!
Gesundheit, Freude leite dich
auf allen deinen Wegen

Genieße still-zufrieden
den sonnig-heiteren Tag.
Du weißt nicht, ob hienieden
ein gleiches kommen mag.

Alles, was dir wohlgefällt,
ja, das Beste in der Welt:
Glück, Gesundheit, langes Leben,
möge dir das Schicksal geben.

Nimm diese kleine Gabe
als ein Geschenk von mir
und wisse, dass ich habe
ein treues Herz zu dir.

Da hatte die Tante wohl recht. In der Fastenzeit aber wurde bei uns freiwillig auf Wurst und Speck verzichtet – freilich fiel dies in der Vorfreude der Ostervorbereitungen nicht gar so schwer! Palmkätzchen aus dem Wald holen, Malen, Ausschneiden, Eier schmücken und Backen für den großen Tag, der schließlich herannahte – das lenkt ab. Die besten Gewänder wurden gewaschen. Ganz feierlich wurde es uns allen ums Herz, wenn der Pfarrer von der Auferstehung Christi predigte.

Osterspiele

Nach dem üppigen Festmahl halfen wir alle noch kräftig beim Abräumen und Spülen zusammen. Dann machten die Erwachsenen, allen voran natürlich die Großmutter und der Großvater, ihr wohlverdientes Nickerchen im oberen Stock des großen Bauernhauses. Bis zum Kaffee, bei dem dann das leckere Ostergebäck verzehrt werden sollte.
Die Kinder, die ja damals wie heute durch nichts müde zu kriegen sind, spielten mit den Nachbarskindern auf der großen Wiese hinter dem Schuppen. Bei diesen lustigen Osterspielen standen natürlich die vielen bunten Eier, die wir geschenkt bekommen hatten, im Mittelpunkt. Ein Vorteil war, dass man gleich an Ort und Stelle sein Spielzeug verzehren konnte, wenn es einem danach war!

— Eierditschen —

Wer hat das Ei mit der stärksten Schale? Wer wird der Eierditschkönig? Ganz einfach: Das Kind, dessen hart gekochtes Ei nicht bricht, wenn man es mit der Spitze gegen ein anderes schlägt, »ditscht«. Das Siegerei sollte man dann ein Jahr lang aufheben, es sollte dem kleinen oder großen Besitzer Glück bringen. Das mag

Zum Eierditschen sei noch gesagt, dass es natürlich auch immer wieder Spaßvögel wie den Ferdi gab, der mit seinem Gipsei, das er prächtig bemalt hatte und das täuschend echt aussah, Furore machen wollte. Das hat ihm der Großvater dann aber weggenommen – nicht ohne zuvor einmal selbst beim Onkel Franzl sein Glück mit dem Gipsei zu versuchen.

schon sein, aber wer schon einmal ein Osterei nach vier Monaten in der Tasche einer alten Joppe finden musste, wird sich das Aufheben tunlichst verkneifen.

Der Sieger darf auch die Eier der anderen »einkassieren« und aufessen. Nicht selten plagte den stolzen Sieger später das Leibweh.

— Eierrollen —

Die Kinder bauen eine Bahn aus zwei Bohnenstangen, auf denen das Ei laufen kann. Am besten geht dieses Spiel auf einer abschüssigen Wiese. Jedes Kind lässt sein Ei die Bahn herunter- und auf die Wiese rollen. Welches am weitesten rollt, ist das Siegerei und wird ebenfalls aufgehoben.

— Eierlaufen —

Dieses Spiel war bei uns nicht nur an Ostern beliebt, nein, auch bei Geburtstagsfeiern im sommerlichen Garten war es immer ein gehöriger Spaß. Die Ostervariante besteht eigentlich nur darin, dass die Eier auf dem Löffel eben bunt und hart gekocht sind. Die Kinder stellen sich nebeneinander auf und halten die Eier auf dem Löffel. Wenn der Startpfiff ertönt, laufen sie eine vorher abgesteckte Strecke so schnell wie möglich, ohne dass das Ei herunterfällt. Wer als Erster am Ziel ist, wird zum König der Eierläufer ausgerufen und erhält einen kleinen Preis.

— Verstecken —

Das war natürlich das allerschönste Eierspiel überhaupt: Die vom Osterhasen so brav versteckten Eier, kleinen gelben Zuckerküken oder gar ein süßes Ei mit orangefarbenem Zuckerdotter (denn mehr Süßigkeiten brachte Meister Lampe damals nicht) im ganzen Garten zu suchen! Da lag dann ein rot leuchtendes Ei unter dem Haselstrauch, ein gelbes Zuckerküken lugte frech aus seinem Moosnestchen hervor, und dort, wo die Schneeglöckchen gerade verblüht waren, lag nun einladend das leckere Fondantei. Aber auch in der Dachrinne vom Schuppen fand sich bisweilen eine kleine Überraschung, wie auch hinten auf dem Holzstoß oder beim Regenfass. In einem solchen Bauerngarten sind die Möglichkeiten ja unerschöpflich! Stets aufs Neue staunten wir, wohin überall der Osterhase seine Eier gelegt hatte.

Manchmal übrigens fand sich dann Wochen oder Monate später ein Osterei an einem verschwiegenen Plätzchen, an dem man einfach nicht gesucht hatte. Das war dann immer eine Erinnerung an das Osterfest, und schon regte sich wieder die Vorfreude auf den nächsten Frühling!

Wer dann am meisten gefunden hatte, brüstete sich stolz als Eierkönig oder -königin. Gingen aber der kleine Bruder oder die kleine Schwester, weil sie noch nicht so flink und geschickt waren, leer aus, so gab der Sieger meist ein wenig von seinen Schätzen ab, um die weinenden Geschwisterchen zu besänftigen. Zeigte sich der König aber stur und gar nicht milde, dann zog die Großmutter ein ganz besonders schönes Ei oder zuckersüßes Küken aus der Schürzentasche und schenkte es dem Untröstlichen. So hatte der Geizhals, der nicht hatte teilen wollen, das Nachsehen.

Am Nachmittag gab es dann Kaffee und Kuchen für die Großen und für uns Kinder dampfenden Kakao und für jedes ein Osterlämmchen. Danach ging es wieder nach draußen, denn die Großen redeten über dies und das, lachten, und der Großvater rauchte zur Feier des Tages eine fürchterlich qualmende Zigarre.

Am Abend dann fanden wir uns alle wieder in der Stube zusammen und genossen eine Brotzeit aus den harten Eiern, dunklem Bauernbrot, sauren Gurken und Schinken. Deftig jedenfalls nach dem üppigen Mittagessen und all den Schmausereien am Nachmittag. »Mager werd's schon von selbst wieder«, wusste die Großmutter, denn der Sommer sollte viel Arbeit und keine so reichhaltigen Feste mehr bringen.

Tante Lore und Tante Ilse pflegten aus gegebenem Anlass zum Abendbrot das schöne Gedicht von Wilhelm Busch aufzusagen:

Das weiß ein jeder, wer's auch sei,
gesund und stärkend ist das Ei.

Nicht nur in allerlei Gebäck,
wo es bescheiden im Versteck,

nicht nur in Soßen ist's beliebt,
weil es denselben Rundung gibt.

Nicht eben dieserhalben nur,
nein, auch in leiblicher Statur,

gerechtermaßen abgesotten,
zu Pellkartoffeln, Butterbroten

erregt dasselbe fast bei allen
ein ungeteiltes Wohlgefallen.

Und jeder rückt den Stuhl herbei
und spricht: Ich bitte um ein Ei.

Der Abend kam. Wir Kinder hatten noch ein wenig draußen spielen dürfen, waren hinter Stall und Obstgarten gerannt, bis wir außer Atem zurück ins Haus gerufen wurden. Gesichter waschen, Zähne putzen, Nachthemden anziehen – wie die kleinen Nachtgespensterchen sahen wir aus. Am Ende dieses wunderschönen Tages kam Großmutter noch an unser Bett, gab uns allen einen Gutenachtkuss, löschte das Licht und schlich auf Zehenspitzen aus dem Kinderzimmer. Selig schliefen wir ein und träumten von Meister Lampe und seinen bunten Geschenken.

Zum guten Schluss

Es bleibt zu wünschen, dass – vielleicht auch durch diese Lektüre angeregt – sich die Menschen wieder mehr Zeit für dieses schöne Fest nehmen, mit allem, was dazugehört! Gemeinsame Bastelabende für Groß und Klein, all die Vorbereitungen, seien sie nun kulinarischer, festlicher oder religiöser Natur, verbinden die Menschen im Brauchtum der Ostertage und der vorösterlichen Zeit. Auch unsere Kinder sollen sich gerne daran erinnern und selbst wiederum ihren eigenen Töchtern und Söhnen das Osterfest schön und würdig bereiten. Nur so vermögen diese Traditionen weiterzuleben.

Über dieses Buch

Die Autorin Hilde Weinfurtner wurde im Wittelsbacher Land geboren und wuchs dort in einer großen Familie auf. Seit Jahren sammelt sie Erzählungen, Brauchtum und Rezepte aus alter Zeit. Hilde Weinfurtner lebt mit ihrer Familie in der Nähe von Augsburg.

Bildnachweis Alle Illustrationen von Beate Brömse, München, außer: Seite 2, 4, 5, 9, 12, 17, 29, 30, 32, 34, 38, 45, 54, 62, 68, 75, 80, 114, 125, 126, 132, 137, 141 (Weltbild-Archiv)

Haftungsausschluss Die Inhalte dieses Buches sind sorgfältig recherchiert und erarbeitet worden. Dennoch kann weder die Autorin noch der Verlag für die Angaben in diesem Buch eine Haftung übernehmen.

Weltbild Buchverlag
–Originalausgaben–

Projektleitung: Dr. Ulrike Strerath-Bolz
Umschlagabbildung: © mauritius images (Fotodesign Czerski)
Umschlaggestaltung: bürosüd°, München
Innenlayout und Satz: Lydia Kühn, Aix-en-Provence
Reproduktion: Point of Media GmbH, Augsburg
Druck und Bindung: Clausen & Bosse GmbH, Leck

Gedruckt auf chlorfrei gebleichtem Papier

Printed in the EU

ISBN 978-3-98987-809-5

Österliches von A bis Z